Dr. Adalbert Metzinger

Entwicklungspsychologie kompakt

Arbeitsheft

1. Auflage

Bestellnummer 41043

Bildungsverlag EINS

Bildquellenverzeichnis

Fotolia Deutschland GmbH, Berlin: S. 5.1 (Michael Kempf), 18.1 (Ramona Heim), 19.1 (andreysafonov), 28.1 (athomass), 41.1 (Marzanna Syncerz), 51.1 (andreysafonov), 70.1 (Gennadiy Poznyakov), 79.1 (olly), 79.2 (olly)

Kleber, Eduard: S. 98.1

service@bv-1.de
www.bildungsverlag1.de

Bildungsverlag EINS GmbH
Ettore-Bugatti-Straße 6-14, 51149 Köln

ISBN 978-3-427-**41043**-0

Inhaltsverzeichnis

Vorwort

Dieses Arbeitsheft soll dazu anregen, die in meinem Buch „Entwicklungspsychologie kompakt“ (0 bis 11 Jahre) dargestellte Thematik durch die Ergänzung sinnvoller Aufgaben selbständig und sorgfältig nachzuarbeiten. Die Texte, Fragen und Aufgabenstellungen dienen der Erschließung des Stoffs, der Vertiefung der Thematik und zielen häufig auf die Praxis im Sinne einer Handlungsorientierung. Damit sind die Aufgaben geeignet, zum tieferen Verständnis der Entwicklungspsychologie beizutragen.

Die Aufgaben eignen sich zum Selbststudium, aber auch für den unterrichtsbegleitenden Einsatz und zur Vorbereitung auf Prüfungen. Nicht zu allen Aufgaben gibt es immer eindeutig richtige Ergebnisse, da die Lösungsspielräume in der Entwicklungspsychologie größer sind als z. B. in Fächern wie Mathematik oder Englisch. Manchmal sind eigene Überlegungen notwendig um begründete Antworten zu erhalten. Die Reihenfolge der Aufgaben lehnt sich eng an den Inhalt meines Buches „Entwicklungspsychologie kompakt“ an. Einige Texte und Zitate können Ihnen zusätzliche Informationen vermitteln und Sie vielleicht zur weiteren Beschäftigung mit der entsprechenden Thematik anregen.

Gutes Gelingen bei der Bearbeitung der Aufgaben!

Teil A

1 Allgemeine Grundlagen der Entwicklungspsychologie

Aufgabe 1

a) Beobachtungsprotokoll (8.07–8.18 Uhr)

Julia (5 Jahre), Jessica (5 Jahre) und Carolin (5 Jahre) sitzen am Tisch und versuchen sich an einem Puzzle. Als nach kurzer Zeit keine von ihnen ein passendes Teil findet, verlieren sie sichtbar die Lust am Spiel. Jessica will Carolin etwas ins Ohr flüstern, Julia will mithören, aber Carolin weist sie ab und sagt: „Geh' weg, du darfst das nicht hören, weil du nicht meine Freundin bist!" Das trifft Julia ziemlich hart und sie entgegnet: „Du darfst mir gar nichts mehr sagen. Nur meine Mama und mein Papa dürfen das und auf Kinder höre ich sowieso nicht!" Carolin schweigt. Man sieht, wie sie über Julias Aussage nachdenken muss. Jessica startet einen Versuch, Carolin etwas zuzuflüstern. Beide kichern. Sie grenzen jetzt Julia bewusst aus und behandeln sie wie Luft. Julia stellt sich hinter Jessica und versucht, diese zu provozieren, indem sie die Hand auf Jessicas Stuhllehne legt. Jessica stört die Hand Julias in ihrem Rücken und sie versucht erst mit Worten („Mach' deine Hand da weg, ich will das nicht!") und dann mit Gewalt, diese von der Lehne wegzubekommen. Doch Julia presst ihre Hand absichtlich so stark auf die Lehne, dass Jessica gar keine Chance hat. Carolin kommt ihr zu Hilfe. Sie schaffen es aber trotzdem nicht. Plötzlich fängt Julia an zu schreien. Tränen schießen ihr in die Augen. Jessica hat sie gezwickt. Julia fängt an, Jessica übel zu beschimpfen. Dann schreite ich ein.

b) Beobachtungsprotokoll (11.53–12.04 Uhr)

Lena (5,5 Jahre) sitzt allein auf einer Schaukel (Reifenschaukel). Es ist sonst kein Kind in der Nähe. Sie hört Fabienne und Lisa zu. Lena rennt los zu den beiden, welche sich im Spielhaus befinden. Sie spielt mit, nimmt sich einen Roller, hält ihn mit beiden Händen fest und fährt los, den beiden anderen, Lisa und Fabienne, welche zusammen ein Tandemdreirad haben, hinterher. Sie fährt genau dieselbe Strecke nach. Bei einer Kurve steigt sie vom Roller ab und zieht diesen in die richtige Fahrtrichtung. Dann fährt sie wieder eine kurze Strecke, bleibt stehen und lässt den Roller fallen. Sie läuft weg, schaut sich um und rennt dann los. Lena kommt zu mir zum Sandkasten und setzt sich direkt neben mich. Ihre Füße hat sie leicht angewinkelt auseinander gestellt und spielt mir ihren Händen am Holzrahmen des Sandkastens. Sie schaut mir zu, wie ich schreibe und dreht sich weg. Mit ihrem rechtem Fuß streift sie am Boden (vor und zurück) und hört Sofie und Theresa zu. Als die anderen wegrennen, läuft sie hinterher und bleibt auf dem Hügel an der Schaukel stehen. Schaut um sich und kommt wieder zu mir zurück. Sie setzt sich und spielt mit ihrer Kette. Wieder schaut sie sich um und geht zur Wippe, setzt sich verkehrt herum darauf und wippt weiter. Sie zappelt mit ihren Füßen und Händen. Lena beginnt stärker zu wippen und hält sich mit den Händen fest. Sie lässt los, dreht den Kopf, schaut zu Sofie, welche zwei Roller in der Hand hält und rennt zu ihr. Sie nimmt sich einen davon und beide fahren gemeinsam los.

1. *Vergleichen Sie beide Beobachtungsprotokolle hinsichtlich Fehlerquellen (wertende Beschreibungen usw.).*

2. *Überlegen Sie: Was können die Beobachtungsprotokolle erklären?*

Aufgabe 2

Der Sozialpsychologe M. Sherif führte in den 1950er-Jahren in den USA ein Feldexperiment durch. Er lud 24 Jungen im Alter von zwölf Jahren, die sich vorher nicht kannten und die aus etwa dem gleichen gesellschaftlichen Milieu stammten, in ein Sommerferienlager ein. In den ersten drei bis vier Tagen konnten sich die Jungen weitgehend frei bewegen, sie lernten sich näher kennen und schlossen sich spontan zu Freundschaftsgruppen zusammen.

Nach dieser Anfangsphase wurden von Sherif und seinen Helfern entgegen den anfänglichen Sympathien zwei Gruppen gebildet. Bei der Einteilung der Gruppen wurde so vorgegangen, dass jeweils Jungen zusammenkamen, die in den ersten Tagen kaum miteinander Kontakte hatten. Somit wurden die bereits entstandenen Freundschaftsgruppen aufgelöst. Die beiden neuen Gruppen wohnten und beschäftigten sich jetzt getrennt voneinander. Innerhalb weniger Tage kam es in beiden Gruppen durch verschiedene Aktivitäten zu intensiveren Beziehungen, sodass sich in jeder Gruppe ein Wir-Gefühl entwickelte. Dies führte dazu, dass sich beide Gruppen einen Namen gaben: „Red Devils" und „Bull Dogs". Zelte, Fahnen und Kleidung wurden mit dem jeweiligen Gruppenzeichen versehen, Wettkämpfe zwischen beiden Gruppen, bei denen Preise zu gewinnen waren, erhöhten Rivalität und Konkurrenz, denn jede Gruppe wollte zeigen, dass sie besser ist. Das direkte Aufeinanderprallen beider Gruppen führte zum Ausbruch von Raufereien und wechselseitigen Beschuldigungen. Man warf sich gegenseitig Unehrlichkeit beim Tauziehen vor, man beschimpfte sich, die „feindlichen" Unterkünfte wurden überfallen, und mit Fallobst trugen beide Gruppen eine „Schlacht" aus. Die Fehde eskalierte zuletzt so, dass man das Verbrennen der Fahne der Gegenpartei feierte.

Während des Experiments wurde die gegenseitige Beurteilung beider Gruppen erfasst, indem auf jeder Seite der Versuchsleiter und seine Helfer die Urteile über die eigene und über die gegnerische Gruppe einholten. Die Gruppen belegten sich selbst mit positiven Eigenschaften wie mutig, ausdauernd und ordentlich, während die Rivalen negativ (hinterlistig, spielverderbend) beurteilt wurden.

Zeigen Sie an diesem Beispiel wesentliche Merkmale des Feldexperiments auf.

Aufgabe 3

„Alkoholgenuss verändert die Reaktionsfähigkeit des Menschen."

Planen Sie zur Überprüfung dieser Hypothese ein Laborexperiment.

Aufgabe 4

Wie beurteilen Sie psychologische Testverfahren, die zur Auswahl von Personen bzw. als Grundlage zur Verhaltensänderung verwendet werden?

Aufgabe 5

a) Luca und Manuel sind Brüder. Luca ist zwei Jahre älter. Beide sind im gleichen Elternhaus unter anscheinend gleichen Bedingungen aufgewachsen. Der Vater ist Lehrer. Trotzdem verläuft die Entwicklung der beiden recht unterschiedlich. Luca, jetzt 15 Jahre alt, ist schüchtern, beinahe ängstlich. Am liebsten beschäftigt er sich allein. In der Schule gehört er zum Durchschnitt. Für das Gymnasium waren seine Leistungen zu schlecht. Manuel ist ganz anders. Er hat viele Freunde, ist ständig unterwegs. Die Schule macht ihm Spaß. Der Übertritt ins Gymnasium ist ihm leicht gefallen.

Wie können Sie sich die unterschiedliche Entwicklung der beiden Brüder Luca und Manuel erklären?

Mögliche Ursachen:

b) Tim stammt aus einer großen, kinderreichen Familie. Sein Vater musste in seiner eigenen Schulzeit eine Klasse wiederholen. Jetzt arbeitet der Vater als Hilfsarbeiter in einer Fabrik. Tim wurde mit drei Jahren von einem wohlsituierten Onkel, einem Zahnarzt, der selbst keine Kinder hatte, adoptiert. Tim hatte in der Schule nie Schwierigkeiten. Das Abitur bestand er als einer der Besten in seiner Klasse. Jetzt studiert er Zahnmedizin wie sein Adoptivvater. Von seinen Geschwistern hat niemand eine weiterführende Schule besucht.

Wie können Sie sich die Entwicklung von Tim erklären?

Mögliche Ursachen:

Aufgabe 6

Es gibt eine Fülle von Einflüssen, mit denen sich ein Kind auseinandersetzt. Stellen Sie sich den Tagesablauf eines Kindes vor und versuchen Sie aufzuzählen, wovon dieses Kind im Laufe von 24 Stunden beeinflusst wird, unabhängig davon, ob die Wirkungen von Sachen oder Personen usw. ausgehen.

Aufgabe 7

a) „Geben Sie mir ein Dutzend gesunder Kinder und meine eigene besondere Welt, in der ich sie erziehe! Ich garantiere Ihnen, dass ich blindlings eines davon auswähle und es zum Vertreter irgend eines Berufes erziehe, sei es Arzt, Richter, Künstler, Kaufmann oder Bettler, Dieb, ohne Rücksicht auf seine Talente, Neigungen, Fähigkeiten, Anlagen, Rasse oder Vorfahren." *(Watson, 1930, S. 82).*

b) „Die Macht der Erziehung ist, bei uns in der Sowjetunion, unermesslich, wir können uns noch nicht einmal vorstellen, wie allgewaltig sie sein kann, wenn sie sich weiterentwickelt." *(Makarenko, 1964, S. 390)*

c) „Ruhig und langsam die Natur sich selbst helfen lassen und nur sehen, dass die umgebenden Verhältnisse die Arbeit der Natur unterstützen, das ist Erziehung." *(Key, 1905, S. 110)*

d) „Es ist also nicht nötig, in den Menschen etwas von außen hineinzutragen. Man muss nur das, was in ihm beschlossen liegt, herausschälen, entfalten und im Einzelnen aufzeigen.“ *(Comenius, zit. nach Scheuerl, 1992, S. 25)*

e) „Die Vererbung und nicht die Umwelt macht den Menschen. Nahezu alles Elend und alles Glück in der Welt sind nicht auf die Umwelt zurückzuführen. Die Unterschiede zwischen den Menschen sind durch Unterschiede in den Keimzellen verursacht, mit denen sie geboren werden.“ *(Wiggam, zit. nach Hobmair, 1989, S. 56)*

Bewerten Sie die fachliche und praktische Relevanz aller fünf Aussagen. Fragen Sie sich gleichzeitig, wie weit das menschliche Verhalten auf Erbfaktoren bzw. Umwelteinflüsse zurückzuführen ist.

____

____

____

____

____

Aufgabe 8

Vor dem Jugendrichter:

Ben (16 Jahre alt) steht mit drei weiteren Jugendlichen vor dem Jugendrichter. Die Anklage lautet auf gemeinschaftlich begangenen Einbruchdiebstahl in Tateinheit mit Sachbeschädigung.

Von der Familie wissen wir:

Der Vater ist starker Trinker, neigt zu Gewalttätigkeiten, hat öfter schon die Arbeitsstelle gewechselt, ist wegen Unterschlagung vorbestraft. Zurzeit ist er ohne Arbeit.
Die Mutter neigt ebenfalls zum Alkohol und arbeitet zurzeit als Bardame, vom späten Nachmittag bis in die frühen Morgenstunden. Der Haushalt ist völlig unzureichend versorgt.
Ben schwänzte seit seiner Einschulung oft den Unterricht, streunte herum und fiel früh durch kleinere Diebstähle auf. Den Hauptschulabschluss hat er nicht geschafft. Er arbeitet gelegentlich als Hilfsarbeiter auf dem Gemüsegroßmarkt.

Wie würde der Staatsanwalt (er sieht den Menschen hauptsächlich als Produkt seiner ererbten Anlagen), der eine hohe Bestrafung beantragen will, den Fall erklären?

____

____

____

____

____

____

____

Wie würde der Verteidiger, der hauptsächlich die Umwelt als Verursachungsfaktor sieht, seinen Antrag auf ein geringes Strafmaß begründen?

Wie ist Ihre eigene Meinung zu dem Fall?

Aufgabe 9

a) *Schreiben Sie alle Ihre besonderen Fähigkeiten auf und versuchen Sie festzustellen, ob diese Fähigkeiten (Stärken) auch bei Ihren Eltern oder Geschwistern auftreten. Versuchen Sie weiter festzustellen, wann und wie diese Begabungen erzieherisch gefördert bzw. verstärkt wurden. Überlegen Sie dann weiter, ob diese Fähigkeiten überwiegend durch Erbanlagen oder durch die Förderung der Umwelt bedingt sein könnten.*

b) *Wie jeder Mensch werden Sie bei sich Schwächen festgestellt haben. Versuchen Sie herauszufinden, ob diese Schwächen auch bei anderen Familienangehörigen vorhanden sind oder ob diese Schwächen nur eine Folge von geringer Förderung sind.*

Aufgabe 10

Bitte nehmen Sie zu den folgenden Alltagsvorstellungen über die Entwicklung von Kindern Stellung.

- Man muss Kinder nur lieb haben, alles andere kommt dann schon von selbst.

___

___

___

- Die Schulfähigkeiten sind von elterlicher und großelterlicher Seite vererbt.

___

___

___

- Die Veranlagung zum Musiker bzw. Trinker wurde ihm in die Wiege gelegt.

___

___

___

- Für den Schulerfolg eines Kindes ist seine Intelligenz von untergeordneter Bedeutung.

___

___

___

Aufgabe 11

Fallbeschreibung „Judith"

„Judith hat es geschafft: Mit dreizehn Jahren ist sie die beste Schachspielerin in Deutschland und wird wohl demnächst nach der Weltmeisterinnenkrone greifen. Wie kommt es dann, dass eine Zeitung neulich die Schlagzeile hatte: ‚Judith – jung, erfolgreich, einsam?' Judiths Vater ist ein menschenscheuer Mathematikprofessor. Schon von frühester Kindheit an kannte Judith ihren Vater nur als einen sehr kontaktarmen Menschen, der sich ausschließlich seinen Forschungen widmete. Die nahezu einzigen sozialen Kontakte unterhielt der Mann zu seiner Frau und seiner innig geliebten Tochter Judith. Mit dem Mädchen verbrachte der Mann jede freie Minute: Er löste mit ihr schon in sehr frühen Jahren kniffelige Logikaufgaben und ließ sie daran teilhaben, wenn er seine Schachpartien mit dem Schachcomputer durchführte. Judith bewunderte ihren Vater sehr, wenn er mit scheinbar grenzenloser Geduld seine Spielzüge bis ins Detail plante. Sie konnte ihm stundenlang bei seinen einsamen Schachpartien zusehen. Auf die Frage, warum er denn immer nur gegen den Computer spiele, antwortete er ihr, dass die Perfektion eines Computers von einem Menschen nicht zu erreichen sei! Außerdem würden ihn andere Spielpartner nur in seiner Konzentration beeinträchtigen. Judith war vom ersten Moment an vom Schachspielen fasziniert und ließ auch keine Ruhe, bevor der Vater ihr nicht die Regeln des Schachspiels erklärt hatte und täglich mit ihr spielte. Bald war der stolze Vater seiner kleinen Tochter im ‚königlichen Spiel' nicht mehr gewachsen. So reifte in ihm der Plan, aus Judith mithilfe eines ausgefeilten Trainingsplans eine Weltmeisterin im Schachspiel zu machen.

Das ehrgeizige Projekt nahm schon bald den Großteil von Judiths Freizeit in Anspruch. Für das Mädchen blieb kaum Zeit, sich mit anderen Kindern zu treffen! Sogar die Spielsachen Judiths wurden aus dem Kinderzimmer verbannt, damit das Kind nicht von den wesentlichen Dingen, nämlich dem Training mit dem Schachcomputer, abgelenkt wurde. Manchmal konnte sich Judith nicht damit abfinden, dass sie nie mit den anderen Kindern ins Schwimmbad oder zum Spielen durfte. Sie beschwerte sich dann bei ihrer Mutter und klagte, dass sie sich so allein fühle und lieber öfter mit den Kindern auf der Straße spielen oder auch einmal faulenzen wolle. Der Vater mischte sich bei solchen Gesprächen in der Regel ein und betonte, dass man sein Talent nicht verschleudern dürfe und das Beste daraus machen müsse.

Der Vater und der zeitweise fünfköpfige Trainerstab wachten über die erzielten Trainingsfortschritte und trieben das Mädchen zu immer längeren Trainingseinheiten. Da sich sehr bald Erfolge einstellten (u. a. mit sechs Jahren Clubmeisterin, mit sieben Jahren Stadtmeisterin, mit neun Jahren bayerische Meisterin), fand sich Judith mit ihrer Situation ab und lebte nur noch für das Schachspiel.

Judith machte auch zunehmend selbst die Erfahrung, dass sie das Spielen mit Kindern aus der Nachbarschaft zu sehr vom Training abhielt. Sie hatte dann ein schlechtes Gewissen, verlor häufiger als sonst im Club, und weil sie immer gewinnen wollte, ärgerte sie sich maßlos. In der Folge zwang sie sich dazu, ihre Trainingseinheiten zu verlängern und sagte Verabredungen mit Freunden ab. Kam sie den Anordnungen des Vaters nach und erfüllte sie das umfassende Trainingsprogramm, bemerkte sie, dass sie täglich Fortschritte machte und stetig stärker wurde. Angespornt vom immer größeren Erfolg (Siegerehrungen, Artikel in Schachzeitschriften und Zeitungen, Sach- und Geldpreise), beschloss Judith sogar, sich vor Turnieren wochenlang mit ihrem Schachcomputer zu isolieren und auch die letzten verbleibenden Kontakte, sogar die zu ihrem Trainerstab, abzubrechen. Judith gibt ihrer Mutter gegenüber zu, dass sie sich in der Gegenwart von Menschen immer unwohler fühle; häufig schwänze sie sogar die Schule, weil sie Mitschüler und Lehrer nicht mehr ertragen könne." *(Lachner/Becker, 2006, S. 3)*

Anlage, Umwelt und Selbststeuerung bedingen die Entwicklung des Menschen.
Erläutern Sie anhand der Fallbeschreibung das Zusammenspiel der Bedingungen, welche die Entwicklung von Judith bestimmen.

Aufgabe 12

Das Entwicklungsgeschehen kann u. a. durch die Begriffe „Wachstum", „Reifung" und „Lernen" beschrieben werden. Welche Merkmale lassen sich eher als endogene Faktoren, also solche, die die Anlage hervorheben, und welche als exogene Faktoren, welche die Umwelt stärker betonen, charakterisieren?

Aufgabe 13

Suchen Sie mit Blick auf die Entwicklungsfortschritte von Kleinkindern nach Beispielen, die den Zusammenhang von Reifungs- und Lernprozessen veranschaulichen können.

Aufgabe 14

Das Entwicklungsgeschehen lässt sich auch als Differenzierung psychischer Funktionen und Verhaltensweisen kennzeichnen. Konkretisieren Sie diese Aussage z. B. am Spracherwerb.

Aufgabe 15

Nehmen Sie zu den folgenden Behauptungen Stellung:

a) Die Entwicklung verläuft vom spezifisch Gestalteten zum globalen Ungestalteten.

b) Wenn man vom Eintritt der Geschlechtsreife spricht, so meint man damit, dass sich die körperliche Bereitschaft zur Fortpflanzung ausschließlich durch äußere Umwelteinflüsse und Lernprozesse entwickelt hat.

c) Der erwachsene Mensch hat mit zunehmendem Alter immer weniger „Freiheit", was die Richtung seiner Entwicklung im Vergleich zum Kind betrifft.

Aufgabe 16

Nennen Sie zwei Merkmale von Phasen- bzw. Stufenlehren der Entwicklung und mindestens zwei Kritikpunkte dazu.

Aufgabe 17

Massive Computerspuren in Kindergehirnen

Neurobiologe warnt: Bei exzessiver Nutzung droht Verlust des Realitätssinns/Mehr als 100 000 Jugendliche computersüchtig

Exzessiver Gebrauch von Computer und Handy hinterlässt im Gehirn von Kindern tiefe Spuren. Den Betroffenen drohe sogar der Verlust des Realitätssinns, warnte der Göttinger Hirnforscher Gerald Hüther: „Ist dieser Prozess weit fortgeschritten, finden sich die Kinder und Jugendlichen in der realen Welt nicht mehr zurecht." Schätzungen zufolge sind allein in Deutschland mehr als 100 000 junge Menschen computersüchtig.

Die Veränderungen im Gehirn beschreibt der Neurobiologe so: Anfänglich dünne Verbindungswege würden durch intensive Nutzung immer dicker und seien am Ende wie Autobahnen: „Die sind dann so beschaffen, dass man, wenn man einmal drauf kommt, nicht wieder runterkommt", sagte Hüther. Betroffene müssten dann nur noch einen Computer sehen und hätten schon das Bedürfnis, sich davorzusetzen.

Mit jeder Stunde aber, die Kinder vor dem Computer verbrächten, fehle ihnen eine Stunde, um ihr Gehirn für die Anforderungen im wirklichen Leben weiterzuentwickeln, erklärt der Autor des gerade erscheinenden Buchs „Computersüchtig". Ähnlich wie konkrete Tätigkeiten beim Computerspiel würden auch die virtuellen Vorstellungswelten von den Kindern aufgenommen und verinnerlicht: „Das Gehirn wird so, wie man es benutzt."

Solche Spuren hinterlässt laut Hüther auch der exzessive Gebrauch von Handys und Kurzmitteilungen: So werde die Region im Hirn von Jugendlichen, die die Regulation der Daumenbewegungen steuere, seit zehn Jahren immer größer. „Im Klartext heißt das: Die Einführung einer neuen Kulturtechnik, in diesem Falle SMS und Handys, die Jugendliche besonders intensiv nutzten, hat dazu geführt, dass sich ihr Hirn entsprechend strukturiert", erklärte Hüther.

Er fordert Konsequenzen: „Wir müssen uns deshalb fragen, ob wir die Verantwortung für die Strukturierung des Hirns unserer Kinder weiter allein den Werbestrategen der Hersteller von Handys und Computerspielen überlassen wollen."

Frühere Forschungsstudien hatten bereits gezeigt, dass Computerspielen genauso zur Sucht werden kann und zu den gleichen Hirnreaktionen führt wie der Konsum von Alkohol oder Cannabis. Nach Erkenntnissen der Suchtforschungsgruppe der Berliner Charité kann aus Spielspaß dann schnell eine Abhängigkeit entstehen.

(AP, in: Badisches Tagblatt, 19.09.2006)

1. *Lesen Sie den Text und setzen Sie an entsprechenden Textstellen Zeichen (z. B. Unterstreichen von Besonderheiten als Stich- bzw. Schlüsselwörter oder als Unklarheit).*

2. *Versuchen Sie, mithilfe der angegebenen Fragen den Text zu bearbeiten und tragen Sie Ihre Ergebnisse ein.*

- *Welche Informationen habe ich bereits zu diesem Thema? Habe ich bereits ein Vor-Urteil bzw. Urteil in dieser Frage?*
- *Welche wesentlichen Gedankengänge entwickelt der Autor?*
- *In welcher Weise erläutert, belegt, begründet der Autor seine Aussagen?*
- *Welche Folgerungen werden gezogen?*
- *Werden Lösungsvorschläge gemacht?*

- *Was bleibt unklar, ungelöst?*
- *Wie beurteilen Sie die Aussagen des Verfassers? Stimmen Sie den Ausführungen zu? Wo sind Sie anderer Meinung? Warum?*
- *Wie beurteilen Sie nach der Lektüre des Textes das angesprochene Problem?*

Teil B

2 Körperliche und motorische Entwicklung

Aufgabe 1

Sind Sie am ersten Schultag fotografiert worden?
Kleben Sie dieses Bild oder ein anderes aus dieser Zeit an dieser Stelle in Ihr Arbeitsheft.
Welche körperlichen Besonderheiten bzw. Veränderungen (Körperform, Zahnwechsel usw.) können Sie feststellen?

Aufgabe 2

Füllen Sie den Lückentext aus.

Motorische Entwicklung

Der Begriff Motorik bezeichnet die ______________________________ eines Menschen.

Unter ____________________ werden Bewegungen von Kopf, Schultern, Rumpf, Becken, Armen und Beinen verstanden. Zur ________________________ zählen die Bewegungen von Zehen, Fingern und Gesicht.

Die Entwicklung der Motorik verläuft von ______________________________. Zuerst bewegen die Kinder beide Arme und beide Beine ____________________.

Die Bewegungen des Neugeborenen sind größtenteils von ______________________________ bestimmt. Für die motorische Entwicklung ist besonders der ______________, der bei der Reizung der Innenhand auftritt, bedeutsam. Von Beginn an lassen sich auch unwillkürliche Bewegungen des neugeborenen Kindes wie ____ wahrnehmen.

Die ersten ______________ Wochen im Leben eines Kindes sind die Zeit der intensivsten motorischen Entwicklung.

Nach der Geburt dreht das Kind in Bauchlage allein ________________ zur Seite und Hände und Füße ______________ bei Berührung.

Bis Ende des ersten Monats kann das Kind den Kopf für einen Moment ______________ und ein großes, leicht greifbares Objekt ______________ behalten. Bis Ende des dritten Monats rollt sich das Kind allein ________________ auf den Rücken und stützt sich in ______________ auf die Unterarme. Bis Ende des vierten Monats ______________ das Kind mit Unterstützung und es beginnt die Entwicklung des ________________________________.

Wenn sich das Kind in der Bauchlage mit gestreckten Armen abstützt, nennt man dies auch ____. Bis Ende des siebten Monats kann das Kind angelehnt ____________________________ und mit Spielsachen ________________ hantieren.

Bis Ende des zehnten Monats setzt sich das Kind aus der ____________________ allein auf und beginnt zu ______________. Bis Ende des zwölften Monats zieht sich das Kind ______________ empor und ______________ mit Hilfestellung. Im Zeitraum bis zum Ende des 15. Monats fängt das Kind an, ______________ zu rollen und klettert ______________ hinauf. Mit ungefähr 18 Monaten ______________ das Kind, ohne umzufallen und kann ______________ gehen. Bis Ende des zweiten Lebensjahres kann das Kind rasch ______________________________.

Zwischen drei und vier Jahren kann das Kind ______________________________________, ohne etwas zu verschütten und kann auf __________________ stehen und hüpfen. Zwischen fünf und sechs Jahren kann das Kind ____________________________ fahren und ______________ lernen, da nun die Muskeln des Handgelenkes soweit gereift sind, dass das Kind derartige feinmotorische Leistungen erbringen kann.

Aufgabe 3

„Den Arzt und Psychologen Arnold Gesell (1880–1961) beeindruckte die Tatsache, dass sich Kinder, vor allem während ihrer ersten Lebensjahre, nach einem einheitlichen Grundmuster zu entwickeln scheinen. Er studierte mit außerordentlicher Sorgfalt mehr als tausend Kinder und fand, dass sich bei ihnen motorische Verhaltensweisen wie Greifen, Sitzen, Stehen oder Laufen stets in der gleichen Reihenfolge und in annähernd gleichem Lebensalter zeigten. Zur Erklärung seiner Beobachtungen nahm Gesell den Begriff Reifung in Anspruch, den vor ihm bereits Biologen benutzten, die sich mit der Entwicklung von Embryos beschäftigten. Die Reifungsprozesse verwirklichten nach Gesells Überzeugung das, was in den Erbplänen vorgegeben war. Den Einfluss der Umwelt auf das Entwicklungsgeschehen setzte er dagegen sehr gering an: Die Pläne der Natur seien, so lehrte er, nur zu behindern, wenn ein Kind z. B. erheblich unterernährt oder misshandelt würde.

Mit den Ergebnissen einer sehr bekannt gewordenen Studie versuchte Gesell, die Richtigkeit einer solchen Erklärung zu belegen: Er untersuchte ein eineiiges weibliches Zwillingspaar, das im Alter von 46 Wochen noch keine Treppe ersteigen konnte. Eines der beiden Zwillingsmädchen („T" für „Training") erhielt täglich zehn Minuten die Gelegenheit, sich im Treppensteigen zu üben, während die Schwester („K" für „Kontrolle") hierfür nicht speziell trainiert wurde. Als die Trainierte nach Ablauf von sechs Wochen einen erheblichen Leistungsvorsprung im Vergleich zur untrainierten Schwester erreicht hatte, setzte Gesell die Übungen für sie ab. Eine Woche später begann dann vierzehntägiges Training im Treppensteigen beim anfänglich nicht trainierten Zwillingsmädchen K, das daraufhin die Leistungswerte ihrer Schwester nicht nur bald erreichte, sondern diese sogar noch übertraf. Nachdem schließlich für beide Zwillinge die gezielten Übungen abgesetzt worden waren, glichen sich ihre Leistungen sehr schnell an.

Die Schlussfolgerung, die Gesell und andere Reifungstheoretiker aus solchen Beobachtungen ableiteten, war klar: Der Versuch, mittels zusätzlicher Übungen Entwicklungsverläufe zu beschleunigen, hat wenig Sinn. Der Aufwand übersteigt den Erfolg bei Weitem. Deshalb empfahl Gesell Eltern und Lehrern, die Reifungsentwicklung ihrer Kinder sehr sorgfältig zu beobachten und nur ‚altersangemessene' Anforderungen an sie heranzutragen.

Arnold Gesell war davon überzeugt, mit den Ergebnissen seiner Zwillingsstudie die geringen Einflussmöglichkeiten der Umwelt auf den Entwicklungsverlauf belegt zu haben. Kritiker entdeckten in seiner Methode allerdings sehr bald eine entscheidende Schwäche: Lernte das anfänglich untrainierte Zwillingsmädchen K das Treppensteigen tatsächlich nur deshalb erheblich schneller als die Schwester, weil sie bei Übungsbeginn reifer war? Konnte sie in den vorausgegangenen sechs Wochen nicht auch dadurch ihre Lernvoraussetzungen verbessert haben, dass sie – mit Ausnahme des Treppensteigens – viele Gelegenheiten besaß, ihre Motorik zu üben und entsprechend zu verbessern? Gesells Versuchsteilnehmer befanden sich ja in einem Altersabschnitt, in dem ein normales Kind ständig Erfahrungen mit der eigenen Körperbeherrschung sammelt: es kriecht, es läuft, wenn man es an der Hand führt, es versucht, sich an Möbeln hochzuziehen usw. Könnten dem Zwillingsmädchen K diese Erfahrungen nicht hilfreich gewesen sein, als auch sie endlich durfte, was ihre Schwester schon seit langem tat: Treppensteigen?

Genau genommen hat Gesells Studie lediglich ergeben, dass das Zwillingsmädchen T nach sechswöchiger Trainingszeit im Alter von 52 Wochen 25 Sekunden benötigte, um die oberste Stufe einer Treppe zu erreichen. Ihre Schwester K schaffte die gleiche Aufgabe im Alter von 54 Wochen nach einer Trainingszeit von nur 14 Tagen in zehn Sekunden. Zwilling K war also älter, als mit dem speziellen Training begonnen wurde. Über ihre Reifungsvoraussetzungen ist allerdings nichts bekannt. Besteht danach nicht die Möglichkeit, dass

das Verhalten von K mit Reifung überhaupt nichts zu tun hatte, sondern als Ergebnis ihrer unkontrollierten Übungen zu Stande gekommen war?"
(Mietzel, 1997, S. 11 f.)

Lesen Sie diesen Text durch und diskutieren Sie die Befunde im Hinblick auf die Erb- oder Umweltbedingtheit der motorischen Entwicklung im Säuglingsalter.

Aufgabe 4

Untersuchungen an Schulanfängern stellten bei 80 Prozent der Kinder Haltungsschäden und Haltungsschwächen und bei 40 Prozent Muskelschwächen und Koordinationsprobleme fest.
Welche Ursachen spielen dabei eine wichtige Rolle?

3 Entwicklung der Wahrnehmung

Aufgabe 1

Die Vielschichtigkeit des Wahrnehmungsvorgangs zeigt sich anhand der zahlreichen Einflüsse auf die Wahrnehmung.
Finden Sie dazu passende Beispiele.

Aufgabe 2

Der Fall S. B., über den Gregory (1974) berichtet, steht stellvertretend für viele andere Fälle von Blindgeborenen, die erst im Erwachsenenalter durch Operationen sehtüchtig wurden:

Der Fall S. B.

Es handelt sich um einen 52-jährigen Mann, den wir S. B. nennen. Er war, als er blind war, ein aktiver und intelligenter Mann, der sogar Fahrradtouren machte. Sein Freund führte ihn dabei an der Schulter. Den weißen Blindenstock ließ er oft zu Hause, weshalb er manchmal gegen ein parkendes Auto oder einen abgestellten Lieferwagen lief, wobei er sich gelegentlich verletzte. Er bastelte gern mit einfachen Werkzeugen in seinem Gartenschuppen. Sein ganzes Leben lang versuchte er, sich die Welt vorzustellen, wie sie einem Sehtüchtigen erscheint. Er wusch seines Schwagers Auto und versuchte dabei, sich dessen Form möglichst wirklichkeitsnah einzuprägen. Er sehnte sich nach dem Tag, an der er sehen könnte, obgleich seine Augen zunächst als hoffnungslos aufgegeben wurden. Kein Chirurg wollte riskieren, eine gespendete Hornhaut zu verschwenden. Aber schließlich wurde die Operation doch versucht, und sie gelang. Doch obgleich die Operation erfolgreich war, war das Ende eine Tragödie.

Als der Verband zum ersten Mal von seinen Augen entfernt wurde, sodass er nicht mehr länger blind war, hörte er die Stimme des Chirurgen, sah aber nichts als einen verschwommenen Fleck. Er stellte sich vor, dass dies wegen der Stimme ein Gesicht sein musste, denn sehen konnte er es nicht. S. B. nahm also nicht plötzlich die Umwelt wahr wie wir, wenn wir unsere Augen öffnen. Innerhalb weniger Tage vermochte er aber seine Augen ganz gut zu gebrauchen. Er konnte die Krankenhauskorridore ohne Hilfe entlanggehen und sogar die Uhrzeit von einer großen Wanduhr ablesen. Sein ganzes Leben hatte er zuvor nur eine Taschenuhr ohne Glas benutzt, auf der er die Zeit durch Betasten der Uhrzeigen bestimmte. Er stand schon in der Dämmerung auf und beobachtete von seinem Fenster die vorbeifahrenden Autos und Lastwagen und war über seine ungewöhnlich schnellen Fortschritte im Sehenlernen begeistert.

Als er das Krankenhaus verließ, nahmen wir ihn nach London mit und zeigten ihm viele Dinge, die er auch vom Berühren her nicht kannte. Er wurde dabei seltsamerweise sehr mutlos. Im Zoo konnte er die meisten Tiere genau benennen, da er Haustiere gestreichelt und sich erkundigte hatte, wie sich andere Tiere von den Katzen und Hunden, die er vom Berühren kannte, unterschieden. Außerdem war er auch vertraut mit Spieltieren und Tierfiguren. Er gebrauchte sicherlich seine früheren Tasterfahrungen und Beschreibungen sehender Menschen, um gesehene Objekte zu benennen. Und er tat diese überwiegend dadurch, dass er nach ihren charakteristischen Merkmalen suchte. Doch er fand die Welt eintönig und war beunruhigt durch abblätternde helle Farben und Flecken an Dingen. Er liebte helle Farben und wurde niedergeschlagen, wenn ihre Helligkeit verblasste. Seine Depression wurde immer ausgeprägter, seine Aktivität ließ immer mehr nach, drei Jahre später starb er.

a) Welche Hinweise gibt der Fall S. B. bezüglich der Funktionsweise der menschlichen Wahrnehmung?

b) Welche Bedeutung hatten neben dem Tastsinn wohl der Geruchs- und Geschmackssinn sowie das Gehör für S. B.?

c) Welche Schlussfolgerungen lassen sich aus dem Fall S. B. im Hinblick auf die Förderung der menschlichen Wahrnehmung ziehen?

Aufgabe 3

Vervollständigen Sie die angefangenen Sätze.

Die ersten Ansätze zu einer Zeitperspektive ergeben sich bei Kindern aus der Erfahrung

Die Vorstellungen des Kindes über das Lebensalter von Personen werden im Vorschulalter noch weitgehend bestimmt von

Bei einem Versuch ließ man Kindergartenkinder 15 Sekunden lang Striche auf ein Papier zeichnen. Danach wurden die Kinder aufgefordert, nochmals Striche zu zeichnen, aber diesmal viel, viel schneller. Wieder nach 15 Sekunden wurde der Versuch abgebrochen und die Kinder wurden gefragt, ob sie beim ersten oder beim zweiten Mal länger gezeichnet hätten. Wie haben die Kinder wohl geantwortet?

Vor den Augen des Kindergartenkindes werden zwei Spielzeugautos gleichzeitig von einer Linie aus in Gang gesetzt und gleichzeitig zum Stehen gebracht. Eines wird jedoch rascher bewegt als das andere und hat daher in der gleichen Zeit einen längeren Weg zurückgelegt. Unbeschadet der Tatsache, dass die Bewegung vor dem Kind durchgeführt wurde und es beobachten konnte, wie beide Autos gleichzeitig stehenblieben, behauptet das Kind

Aufgabe 4

Die Mutter wartet mit ihrer vierjährigen Tochter seit etwa drei Minuten auf den Zug. Das Kind sagt zu ihr: „Oh, jetzt warten wir schon lange. Wie lange dauert es noch?" Die Mutter antwortet: „Eine halbe Stunde." Hierauf das Kind: „Das ist ja nicht mehr lang."
Nehmen Sie hierzu Stellung im Hinblick auf die Zeitwahrnehmung des Kindes.

Aufgabe 5

„Drei einfache Hörtests für Babys

Ende des ersten Monats: ein Beobachtungsspiel als Hörtest

Ihr Baby hört, wenn es gesund ist. Lassen Sie das Telefon in der Nähe Ihres Kindes klingeln, den Wecker in seiner Nähe rasseln, einen Schlüssel runterfallen. Wenn Ihr Kind darauf nicht reagiert, sprechen Sie mit Ihrem Arzt.

Ende des dritten Monats: ein Hörtest

Nehmen Sie ein Stück Seidenpapier und schleichen Sie sich unbemerkt an Ihr Baby heran. Es sollten in seinem Blickfeld auch keine anderen Personen oder interessante Gegenstände sein. Dann rascheln sie mit dem Papier. Mal rechts vom Ohr, mal links. Jedes neugierige Baby versucht, durch Kopfdrehen herauszufinden, was da wohl raschelt. Wenn nicht, sprechen Sie mit Ihrem Arzt.

Im zwölften Monat: das Papageispiel

Wie ein Papagei ahmt ihr Kind alles Gehörte nach. Wenn Sie mit einem kleinen Spielzeugauto brummend vor seinen Augen auf- und abfahren, dann wird Ihr Kind auch anfangen: „brmm, brm, brmmm". Sprechen Sie mit Ihrem Arzt, wenn das Kind das Auto nicht verfolgt und Geräusche nicht nachahmt."
(Bundeszentrale für gesundheitliche Aufklärung, 2006, S. 64 ff.)

Lesen Sie den Text gründlich durch und zeigen Sie dann auf, wie sich diese „Hörtests" unterscheiden und warum sie für die weitere Entwicklung wichtig sind.

Aufgabe 6

Die Person-Beurteilung in der dyadischen Interaktion

Bei der Beurteilung setzt jeder zwischen jedes Gegensatzpaar (Polarität) ein Kreuz. Kreuze in der Mitte der Skala bedeuten „weder noch“. Je weiter die Kreuze von der Mitte entfernt liegen, desto extremer ist das Urteil. Zur Untersuchung der gegenseitigen Wahrnehmung in Zweierbeziehungen (Dyaden) muss das Polaritätsprofil von beiden Partnern bzw. Partnerinnen unabhängig voneinander nach den folgenden drei Anweisungen ausgefüllt werden:

1. *Beurteilen Sie sich selbst auf der Liste, indem Sie bei jedem Gegensatzpaar ankreuzen, welches Adjektiv mehr auf Sie zutrifft (Selbstbild).*

2. *Beurteilen Sie ebenso Ihre Partnerin bzw. Ihren Partner (Fremdbild).*

3. *Versuchen Sie ebenso zu beurteilen, wie Ihr Partner Sie sieht (Metabild).*

lustig	4	3	2	1	1	2	3	4	ernst
langsam	4	3	2	1	1	2	3	4	schnell
verschlossen	4	3	2	1	1	2	3	4	offen
kooperativ	4	3	2	1	1	2	3	4	egoistisch
sachlich	4	3	2	1	1	2	3	4	verspielt
unordentlich	4	3	2	1	1	2	3	4	ordentlich
zögernd	4	3	2	1	1	2	3	4	entschlussfreudig
redselig	4	3	2	1	1	2	3	4	verschwiegen
kontaktfreudig	4	3	2	1	1	2	3	4	abwartend
passiv	4	3	2	1	1	2	3	4	aktiv
beweglich	4	3	2	1	1	2	3	4	starr
schüchtern	4	3	2	1	1	2	3	4	forsch
freundlich	4	3	2	1	1	2	3	4	unfreundlich
impulsiv	4	3	2	1	1	2	3	4	gehemmt

(Strehse, 1969)

4 Entwicklung der Sprache

Aufgabe 1

Zum Wesen der Sprache

„Beim Vergleich der Sprache des Menschen mit analogen Erscheinungen bei anderen Tieren fand Zimmer (1988) folgende Wesensmerkmale:

1. Unsere Sprache ist akustisch; die Bedeutungen werden mithilfe von Lauten kodiert – als spätere Entwicklungen gibt es davon unabhängig aber auch rein visuelle Kodierungen, wie z. B. die chinesische Schriftsprache, deren Wortzeichen im Mandarin und im Kantonesischen und als Kanji-Zeichen sogar im Japanischen völlig verschiedenen akustischen Worten entsprechen, aber die gleiche Bedeutung haben. Unsere Schrift dagegen wurde als visuelles Zeichensystem an die Lautsprache angehängt; ihre Zeichen bezeichnen das Gemeinte über die Laute, mit denen sie ausgesprochen werden, und nicht direkt. Aber auch die Bilder der lateinischen Buchstaben haben sich ursprünglich aus Bildzeichen entwickelt; ein deutliches Beispiel dafür sind die ‚Kartuschen' in den altägyptischen Hieroglyphen: Wenn eine Reihe von Bildsymbolen in einem länglichen Rahmen eingeschlossen sind, eben in der ‚Kartusche', so ändern sie ihre Bedeutung von dem ursprünglich gemeinten Gegenstand zu dem Anfangslaut dieses Gegenstandes. Sie dienten auf diese Weise zur Bezeichnung fremdländischer Namen und dokumentieren den Übergang von einer zunächst unabhängig von der akustischen Sprache entwickelten Bildersprache zu einer phonetischen Schriftsprache.
2. Die Tier-‚Sprachen' handeln nur vom Hier und Jetzt, die menschliche Sprache kann von beliebigen Gegenständen und Sachverhalten in Zeit und Raum handeln. Sie ist zeit- und raumunabhängig.
3. Die menschliche Sprache ist ‚doppelt durchstrukturiert': Morpheme (kleinste bedeutungstragende sprachliche Einheiten wie Wortstämme, Vor- und Nachsilben und Flexionen) bilden Worte, Worte bilden Sätze und damit ergibt sich ein unerschöpflicher Ausdrucksreichtum. Im Grunde lässt sie sich sogar in noch mehr Ebenen strukturieren: Die Morpheme lassen sich untergliedern in Phoneme (kleinste bedeutungsunterscheidende sprachliche Einheiten), und auch diese lassen sich fast beliebig kombinieren.
4. Die menschliche Sprache besteht aus diskreten Einheiten; die Gegenstände und Sachverhalte werden digital kodiert und nicht analog (beispielsweise wird die Größe eines durch Sprache repräsentierten Gegenstandes nicht durch die Lautstärke der Äußerung ausgedrückt).
5. Die Lautzeichen sind den Bedeutungen willkürlich zugeordnet (mit Ausnahme einiger lautmalender Bezeichnungen wie ‚Bimbam' und ‚Kuckuck'). Lerntheoretisch gesehen ist die Bedeutung vor dem Zeichen da; es wird erst durch Generalisierung und Differenzierung eine Klasse von Phänomenen gebildet und dieser dann ein

Lautzeichen zugeordnet. Das geschieht auch im Erwachsenenalter noch für ganze Sprachgemeinschaften, wenn eine neue Art von Phänomen auftritt, beispielsweise durch den Fortschritt der Kultur.

6. Die Sprache ist offen für unendlich viele neue Kombinationen.

Die deutsche Sprache enthält etwa 300000 bis 500000 Wörter – genau kann man das wegen der vielen abgeleiteten und zusammengesetzten Formen nicht bestimmen. Würde man beispielsweise alle möglichen chemischen Verbindungen mitzählen, so trüge allein die Chemie noch einmal eine Million bei – nach Kenntnis eines Chemikers sogar elf Millionen, zu denen täglich etwa 67000 neu entwickelte hinzukommen. Der deutsche ‚Brockhaus-Wahrig' nennt 220000 deutsche Wörter, der amerikanische ‚Webster' 600000 englische Wörter.

Das ‚Basic English' kommt mit 850 Wörtern aus; 88 Prozent der Alltagssprache soll man mit etwa 2000 Wörtern bestreiten können und 95 Prozent mit etwa 4000. Sogenannte ‚gebildete' Erwachsene verstehen ca. 94000 Wörter ihrer Sprache und verwenden aktiv etwa 8000 bis 16000 davon; die meisten Erwachsenen kommen mit 5000 aus. Zählungen der Anzahl verschiedener Wörter bei bekannten Autoren brachten bei Hölderlin 7500, bei Homer 9000, bei Luther 12000, bei Theodor Storm 22500, bei Shakespeare 30900 verschiedene Wörter, zwei verschiedene Zählungen bei Goethe 20000 (1929, ohne Komposita) und 80000 (1978, mit Berücksichtigung von Komposita), was zeigt, wie allein die Bildung von Wortzusammensetzungen die Anzahl hochtreiben kann."

(Wendt, 1997, S. 245 f.)

Lesen Sie zunächst den Text. Was versteht man unter „Sprache" und was unterscheidet die menschliche Sprache von tierischen Kommunikationssystemen? Nennen Sie mindestens vier Punkte.

____

____

____

____

____

____

Aufgabe 2

a) *Lassen Sie sich von Ihren Eltern sagen, welche Wörter Sie als Erstes beherrschten und schreiben Sie diese hier auf.*

____

____

____

____

____

____

b) *Fragen Sie Ihre Eltern nach den Warum-Fragen, die Sie als Kind stellten, und schreiben Sie diese hier auf.*

____

____

____

____

____

____

____

____

Aufgabe 3

Schreiben Sie auf, was die Voraussetzungen für den Spracherwerb sind.

1. ______________________________
2. ______________________________
3. ______________________________
4. ______________________________
5. ______________________________
6. ______________________________

Aufgabe 4

Erläutern Sie allgemein die Bedeutung, die die Sprache und damit der Spracherwerb für uns Menschen hat.

____

____

____

____

____

____

____

____

____

Aufgabe 5

Füllen Sie den Lückentext aus.

Die erste lautliche Äußerung ist der ______________________ des Neugeborenen.

Mit etwa sechs Monaten fangen die Kinder an ______________________ zu bilden.

Zwischen dem 10. und 14. Monat treten in der Regel die ______________________ auf, die meist aus ______________________ bestehen.

Mit ungefähr ______________________ verwendet das Kind nun zwei oder mehrere Wörter, um Fragen oder Wünsche zu äußern.

Mit ca. 2 bis 2,6 Jahren beginnt das Kind ______________________.

Mit der Vollendung des dritten Lebensjahres können die meisten Kinder ______________________ anwenden.

Mit dem steigenden Interesse an der Umwelt beginnt das Kind etwa im ______________________ zunehmend ______________________ zu stellen.

Die sprachlichen Fähigkeiten des Schulkindes nehmen sowohl ______________________.

Aufgabe 6

1. a) Drei Jungen spielen Fußball und ein Junge schießt den Ball, und der fliegt durch das Fenster, der Ball zertrümmert die Fensterscheibe und die Jungen schauen zu, und ein Mann kommt heraus und schimpft mit ihnen, weil sie die Scheibe zerbrochen haben, also rennen sie fort und dann schaut diese Dame aus ihrem Fenster und sie schnauzt die Jungen an.

   b) Sie spielen Fußball und er schießt ihn und er fliegt rein, dort zertrümmert er die Scheibe und sie schauen zu und er kommt raus und schimpft mit ihnen, weil sie sie zerbrochen haben, deshalb rennen sie weg und dann sieht sie raus und sie schnauzt sie an.

2. a) Ich bin schon bei der Bäckerei gewesen. Und da musste ich wieder zurück. Geld vergessen.

   b) Ich war schon bei der Bäckerei, um Brot zu holen. Aber ich musste noch einmal zurückflitzen, weil ich das Geld vergessen habe.

3. a) Das Kleid ist Klasse. Richtig schick. Es ist so schön blau.

   b) Ich mag Farben gern, die sehr verschieden sind, aber doch zueinander passen. Das Blau hebt sich von meinem blonden Haar deutlich ab, aber es passt doch gut dazu.

Zeigen Sie wesentliche sprachliche Unterschiede (Wortwahl, Grammatik, Verständnis, Zusammenhänge usw.) zwischen den Beispielen auf und geben Sie an, welchem Sprachcode Sie das jeweilige Sprachbeispiel zuordnen würden.

1. a)

b)

2. a)

b)

3. a)

b)

Aufgabe 7

Hat Sprachförderung in der Hochsprache zu erfolgen oder sollen die verschiedenen Sprachförderungsmaterialien je nach Dialekt „übersetzt" und einzelne Methoden in dialektbedingter Abwandlung angewandt werden?

Nehmen Sie Stellung zu dieser Aussage und begründen Sie Ihre Ansicht.

Aufgabe 8

Eine Lehrerin der ersten und zweiten Klasse wollte, dass ihre Schüler bildhaft und ausdrucksvoll sprechen lernen. Deshalb ließ sie die Kinder viele Gedichte lernen. Dennoch blieb die Sprache der Kinder arm an Bildern und an Ausdruck.
Warum? Was würden Sie der Lehrerin raten?

Aufgabe 9

Mit vier Jahren lispeln: Ist das normal?

Meine Tochter ist jetzt vier Jahre alt und kann noch immer nicht richtig sprechen. Das heißt, sie stößt mit der Zunge an, wenn sie ein „Sch" sprechen soll, sodass es wie ein gelispeltes „S" klingt. Sonst spricht sie eigentlich alles recht deutlich. Besteht ein Anlass zur Sorge?
Antworten Sie der besorgten Mutter.

Aufgabe 10

Zwillinge sprechen mit vier Jahren noch häufiger in unvollständigen oder unverständlichen Sätzen als Einzelgeborene.
Nehmen Sie zu dieser Aussage Stellung.

5 Entwicklung des Denkens

Aufgabe 1

Denken ist eine differenzierte Form der Auseinandersetzung mit der Umwelt (Erfassen der Vielfalt von Beziehungen und das Herstellen neuer Verknüpfungen).

Beispiel: Brückenbau
Bauen Sie eine Brücke zwischen dem ersten und dem zweiten Wort in jeder Zeile. Finden Sie einen passenden Begriff, den man an das linke Wort anhängen und dem zweiten voranstellen kann, sodass zwei sinnvolle neue Wörter entstehen.

Stamm ______________________ Krone

Raub ______________________ Burg

Tief ______________________ Hund

Sommer ______________________ Los

Tee ______________________ Tier

Schach ______________________ Zeug

Taschen ______________________ Anlage

Haus ______________________ Arzt

Kamin ______________________ Wehr

Gänse ______________________ Vieh

Wein ______________________ Saft

Strick ______________________ Baum

Hotel ______________________ Zimmer

Kern ______________________ Werk

Wert ______________________ Brett

Aufgabe 2

Zu welchen zentralen kognitiven Leistungen ist ein Kind am Ende der ersten, also der sensomotorischen Phase fähig?

____

____

____

____

____

____

Aufgabe 3

Diese Karten sollen geordnet werden.

a) *Welcher Aspekt des kindlichen Denkens wird mit dieser Aufgabe untersucht?*

b) *Welches Ergebnis erwarten Sie bei einem ca. 4- bis 5-jährigen, welches bei einem ca. 10-jährigen Kind?*

(Tücke, 2007, S. 92)

Aufgabe 4

a) *Nennen Sie die wesentlichen Merkmale der präoperationalen Stufe.*

b) *Diskutieren Sie die nachfolgenden Beispiele unter dem Gesichtspunkt, welche alterstypischen „Denkfehler" an ihnen sichtbar werden.*

1. „Mit 4;6 sagt J.: ‚Die Wolken gehen sehr langsam, weil sie keine Füße und Beine haben: Sie machen sich lang wie Würmer und die Raupen, daher gehen sie so langsam.'"

2. „Noch mit 6;5 sagt sie, als die Tür des Hühnerstalles vom Wind zugeschlagen wird und sie vor Schreck aufschreit: ‚Er ist böse, der Wind, er macht uns Angst.' ‚Aber nicht absichtlich?' ‚Doch absichtlich. Er ist böse, er hat gesagt, dass wir böse wären.' ‚Aber weiß der Wind, was er tut?' ‚Er weiß, dass er bläst.'"

3. „Mit 3;6 fragt J. ihre Großmutter, indem sie ihre Augen, ihre Nase usw. berührt: ‚Wie wird das gemacht, die Großmutter? Hast du dich selbst gemacht?' Danach: 'Hat sie sich selbst gemacht? Wer hat sie gemacht?' Einige Tage später: ‚Wie haben sich die Babys gemacht?' Später: ‚Wie werden die Kinder gemacht?'"

4. „Mit 4;2 auf einem Berg: ‚Man hat sie dahin getan, die Felsen. Das sind sehr starke Leute, die sie hingesetzt haben.' ‚Hätte ich es gekonnt, ich?' ‚Nein, du nicht, aber sehr starke Leute. Sie (die Felsen) waren zunächst klein, dann sind sie groß geworden.'"

5. „Mit 4;3: ‚Das sind kleine Steine, die Berge, die sehr groß geworden sind. Sie sind lange klein geblieben, dann sind sie sehr groß geworden, immer größer. Da war vielleicht einer, der einen kleinen Stein hier hingeworfen hat, und der ist dann zum Berg geworden.' Später erklärt sie: ‚Der Wind bewegt sich, weil die Wolken sich bewegen.' ‚Und die Wolken, warum bewegen diese sich?' ‚Weil der Wind sie treibt.'"

(Baumgart, 2007, S. 241 f.)

Aufgabe 5

Erläutern Sie drei Merkmale des Denkens während der formal-operationalen Stufe.

1.

2.

3.

Aufgabe 6

Welche Formen des Denkens und welche Phasen der Denkentwicklung kommen in diesen Beispielen zum Ausdruck?

1. Das Kind kann einen Stock als Werkzeug benutzen. Es holt einen Gegenstand, der mehr als eine Armlänge weit entfernt liegt, mit dem Stock zu sich heran, ohne dass es jemals zuvor den Stock in ähnlicher Weise benutzt hat.

2. So beschäftigte sich Laura mit einer Tapete: Im Alter von 1;4 nahm sie einen auf der Tapete dargestellten Vogel und ließ ihn „fliegen". Mit zwei Jahren und wenigen Tagen nahm Laura eine auf der Tapete aufgemalte Blume und einen Sonnenstrahl in die Hand und übergab diese dem Versuchsleiter. Auch eine auf einer Schachtel aufgemalte Möwe nahm sie und ließ sie „fliegen".

3. Fünf Flaschen mit farblosen Flüssigkeiten stehen vor der Versuchsperson. Mischt man die Inhalte von den Flaschen 1, 3 und 5, dann erhält man eine braune Flüssigkeit. Die vierte Flasche enthält eine Flüssigkeit, die die braune Farbe wieder rückgängig macht, und die zweite Flasche enthält eine neutrale Flüssigkeit. Das Problem besteht darin, die braune Flüssigkeit zu mischen.

4. Das Kind kann feststellen, dass zwei Reihen von Stäbchen dieselbe Stäbchenzahl enthalten, auch wenn die Stäbchen der einen Reihe eng beisammen, die der anderen Reihe dagegen weit auseinander gerückt sind.

5. Wir legen ein Tuch ausgebreitet vor ein Kind. Dann raffen wir es zusammen und formen einen Stoffball daraus. Das Kind wird annehmen, dass jetzt weniger Stoff vorhanden ist.

6. Drei Jungen sitzen in einer Reihe. Heinz sitzt links von Willi und Karl sitzt links von Heinz. Welcher Junge sitzt in der Mitte?

7. Was wäre, wenn alle Menschen gleich viel Geld hätten?

8. In einem Gesellschaftsspiel müssen aus einer Menge von Möglichkeiten drei Informationen gewonnen werden: Wer war der Mörder? Was war die Tatwaffe? In welchem Zimmer geschah der Mord?

9. Wenn ich meinen Teller leer esse, wird die Sonne scheinen.

Aufgaben 7

Erläutern Sie drei der im Buch aufgeführten Kritikpunkte an der Theorie der kognitiven Entwicklung nach J. Piaget.

1.

2.

3.

Aufgabe 8

Erkundigen Sie sich in Ihrer Praxisstelle, wie dort die kognitive Entwicklung gefördert wird und tragen Sie die Fördermaßnahmen hier in das Arbeitsheft ein. Nehmen Sie gegebenenfalls auch kritisch Stellung zu der Art der Förderung.

Teil C

6 Entwicklung des Sozialverhaltens

Aufgabe 1

a) „Familie K.

Fritz K. ist drei Jahre alt. Seine Eltern haben recht strenge Vorstellungen von der Erziehung. Widerreden sind keinesfalls erlaubt. Damit Frau K. sich um den Haushalt kümmern kann, setzt sie Fritz sehr häufig vor den Fernseher. Mit Nachbarkindern darf Fritzchen nicht spielen, weil er dabei nur „schlechte Manieren" lernen würde.

b) Familie Heimlich

Familie Heimlich ist eine stille, unauffällige Familie. Der Vater ordnet an, was geschehen soll, die Mutter und die beiden Kleinen tun, was er sagt, ohne viel zu widersprechen. Diskussionen gibt es nicht. Doch wenn der Vater aus dem Hause ist, schimpft die Mutter sehr über ihn.

c) Familie Niedlich

Frau Niedlich ist während der Woche mit ihrer dreijährigen Ilona immer allein, da der Vater als Fernfahrer unterwegs ist. Ilona wird von ihrer Mutter mit Liebe überschüttet. Sie wird von allen Gefahren ferngehalten und muss immer niedliche Kleider tragen, weil sie ihrer Mutter darin besonders gut gefällt.

d) Familie Wunderlich

In der Familie Wunderlich geht es meist recht stürmisch zu: Jeder tut, was er will, auch die Kinder. Im Kontakt mit anderen Kindern tun sich Heini und Susi Wunderlich schwer, weil sie sich nicht einordnen können.

Suchen Sie aus diesen Fallbeispielen die Einflüsse und Maßnahmen heraus, die ein angemessenes Sozialverhalten hemmen und leiten Sie Einflüsse und Maßnahmen ab, die ein positives Sozialverhalten fördern." *(Hobmair, 2008, S. 271)*

a)

____

____

____

____

b)

____

____

____

c)

d)

Aufgabe 2

Mach ein Fenster in die Mauer

„Krach in der Bauecke

Endlich ist es Birthe gelungen, die Bauecke zu erobern. Denn Christian und Tim, die sonst jeden Tag die Bauecke besetzen, sind im Urlaub. Und wenn sich Erol mit der Verkehrsdecke nicht so ausbreiten würde, könnte Birthe endlich die Stadt bauen, die sie schon so lange bauen wollte. ‚Mach dich doch nicht so dick', brummt sie Erol an. Ich war zuerst hier, sagt Erol und fährt mit dem Auto weiter auf der Straße entlang, die auf die Decke gemalt ist. ‚Zum Glück kommt heute nicht noch einer in die Bauecke', denkt Birthe. Sie hat das gelbe Schild davorgestellt und nun darf keiner mehr rein. So ist es abgesprochen. Michael hat das Schild von seinem Vater geschenkt bekommen – ein richtiges Baustellenschild. ‚Betreten der Baustelle verboten' steht darauf.

Vorsichtig stellt Birthe die Steine aufeinander. Ein Haus soll es werden. Doch Erol stößt mit dem Fuß dagegen, aus Versehen. ‚Tschuldigung', sagt er. Aber Birthe ärgert sich. ‚Pass doch auf!' schimpft sie und fängt noch einmal an. ‚Das Haus muss ganz schön werden, es soll mein Haus sein', denkt sie. Es ist fast fertig, als es zusammenkracht. Wieder Erol, er ist mit dem Po dagegengestoßen. Vor Wut hätte Birthe beinahe geheult. ‚Du Blödmann', sagt sie böse, ‚geh doch weiter in die Ecke.' ‚Nein, das mache ich nicht, da kann ich nicht spielen.' Erol schubst die Bausteine mit dem Fuß zur Seite. ‚Du machst mir alles kaputt', beschwert sich Birthe. ‚Na und? Dann musst du es eben wieder neu bauen', entgegnet Erol. ‚Gemein bist du', erwidert Birthe. Stefan hat den Streit mitbekommen. Er stellt sich zwischen die beiden und sagt: ‚Baut doch eine Grenze als Absperrung, dann hat jeder sein Gebiet.' Diesen Vorschlag finden Birthe und Erol gut. Sie bauen eine Grenze durch die ganze Bauecke. Nun ist es ganz klar: Auf der einen Seite spielt Erol, auf der anderen Birthe. ‚Alles, was auf meiner Seite liegt, gehört mir', sagt Birthe schnell, denn sie hat die Ampel entdeckt, die eigentlich zur Verkehrsdecke gehört. ‚Na gut', sagt Erol, ‚und was auf meiner Seite liegt – mir.'" *(Dierks, 1993, S. 26 ff.)*

Charakterisieren Sie die Beziehung zwischen den beiden Kindern.

Aufgabe 3

Erziehung zur Konfliktfähigkeit im Kindergarten

„Kraft im Kopf
Der Stärkste in der Gruppe

An diesem Tag stößt Lisa schon an der Eingangstür zum Kindergarten mit Ralf zusammen. Er schubst sie zur Seite und geht in den Gruppenraum. Lisa beobachtet ganz genau, was Ralf macht. Zuerst tritt er Johannes gegen das Bein. Dann haut er den Turm um, den Carina gebaut hat. Dabei dreht er sich immer wieder um und passt auf, dass Frau Wiese nicht sieht, was er macht. Dann geht er in die Verkleidungsecke und befiehlt: ‚Raus!'

Silke und Carolin spielen dort. Sie verdrücken sich sofort – ohne ein Wort. Silke hält noch eine Wolldecke in der Hand. ‚Die bleibt hier', brüllt Ralf. Vor Schreck lässt Silke sie fallen. ‚Mal sehen, wer heute in die Verkleidungsecke darf ...' Ralf schaut sich, beide Hände in die Hüften gestemmt, um. Ein paar Kinder sehen ihn erwartungsvoll an. Sie spielen alle so gerne mit den Verkleidungssachen. ‚Susanne', bestimmt Ralf und Susanne geht zu ihm. ‚Alex.' Alex geht. ‚Lisa', sagt Ralf. Doch da schreit Lisa ganz laut. ‚Nein!' Sie schreit so laut, dass Frau Wiese und ein paar Kinder hinzukommen. ‚Ich gehe nur dann in die Verkleidungsecke, wenn ich das will', sagt Lisa, 'nicht dann, wenn du es erlaubst. Denkst du etwa, dass du immer der Bestimmer bist?' Zunächst ist Ralf sprachlos. Aber dann droht er: ‚Was denn, was denn? Komm her, wenn du was willst.' Dabei hebt er die Faust. ‚Ja, ich komme.' Lisa geht einen Schritt auf Ralf zu. ‚Du meinst, du bist der Stärkste? Aber das bist du nicht! Auch nicht, wenn du so groß bist wie ein Riese.' Ralf lacht, aber es klingt anders als sonst. ,Der Stärkste in der Gruppe ist nämlich der, der beim Streiten diese Kraft nimmt.' Lisa klopft sich mit dem Zeigefinger an die Stirn. ,Hier, die Kraft aus dem Kopf und nicht aus der Faust. Das hat mein Opa gesagt und der hat recht.' Bisher haben sich die anderen Kinder nicht eingemischt, sondern Lisa bewundert. Was die sich traut! Und dabei ist sie zwar nicht die Jüngste, aber fast die Kleinste aus der Gruppe. ,Das geht nicht', findet Christian. ,Doch, es geht', erwidert Lisa. ,Überleg doch mal. Der Ralf prügelt doch nur deshalb, weil ihm sonst nichts einfällt.' ,Das stimmt!' wirft Alex ein. ,Ich habe hier auch Kraft.' Er tippt sich ebenfalls an den Kopf. ,Wir können nämlich abwechselnd die Bestimmer sein', schlägt er vor. ,Genau', sagt Lisa, ,oder können auszählen.' ,Und dann muss keiner mehr ins Dornengefängnis?' will Silke wissen. Sie hat solche Angst davor. Das Gefängnis ist der große Dornenbusch hinten im Garten. Zuerst war es nur ein Spiel, aber dann wurde es ernst. Ralf steckt die Kinder hinein, mit denen er Streit hat. ,Nein, keiner geht mehr in das Dornengefängnis, nur wenn wir wirklich spielen', meint Alex. ,Und ich bin nicht mehr die Wächterin davor', sagt Susanne und dabei sieht sie Ralf herausfordernd an. ,Außerdem muss Hauen und Treten verboten sein! Wir verabreden das jetzt einfach', schlägt Carolin vor. Die anderen nicken. ,Und es wird nichts mehr extra kaputtgemacht, nur noch aus Versehen', meint Christian. ,Meinst du etwa auch mich?' brüllt Ralf. ,Ja', sagt Christian. ,Denk mal an eben. Da hast du einfach mein Flugzeug auf den Boden geworfen. Mit Absicht!' ,Ihr seid alle doof! Alle!', schreit Ralf. ,Alle seid ihr gegen mich!' Heulend hockt er sich auf den Boden." *(Dierks, 1993, S. 45 ff.)*

1. *Charakterisieren Sie das Konfliktlösungsverhalten der Kinder.*

2. *Vergleichen Sie dieses Beispiel mit Ihren Erfahrungen aus der Praxis.*

3. *Warum können Streitigkeiten und Konflikte eine soziale Übungsmöglichkeit für Kinder darstellen?*

4. *Überlegen Sie, wie Sie die Konfliktfähigkeit und das Konfliktlösungsverhalten von Kindern fördern könnten.*

Aufgabe 4

„Drei Jungen wollen gemeinsam ein großes Haus aus Legosteinen bauen und überlegen, wie man am sinnvollsten vorgehen könnte. Nach längerer Diskussion macht Hans den Vorschlag, dass Peter zunächst mit dem Lastauto die Legosteine heranfährt und die anderen beiden erst einmal mit dem Bau anfangen. Sie einigen sich dann noch darauf, ein Haus mit Garage und großem Garten zu bauen. Das Haus soll weiß werden, ein rotes Dach und viele Fenster bekommen, während die Garage aus blauen Steinen erbaut werden soll. Nach geraumer Zeit ist Peter mit dem Transport der Steine fertig und bekommt von Hans und Franz den Auftrag, mit dem Gartenzaun anzufangen. Damit ist er aber nicht einverstanden und besteht darauf, jetzt auch beim Hausbau mitzuhelfen.

Beim Streiten stößt Peter versehentlich gegen das halbfertige Haus und ein Teil fällt zusammen: ‚Nun darfst du überhaupt nicht mehr mithelfen!', bestimmen die anderen Jungen und rempeln und knuffen Peter, damit er weggeht.“ *(Stange/Stange, 1977, S. 224)*

Wie könnte ein möglicher Schluss der Geschichte aussehen?

Aufgabe 5

Morgenszene in einem Kindergarten

Es ist 8.15 Uhr. Die Erzieherin, Frau K., sitzt mit einigen Kindern ihrer Gruppe, vor allem Mädchen, am Tisch. Sie schneiden Buntpapier aus. Drei weitere Kinder spielen in einer Ecke des Gruppenraums Hochzeit. Alles wirkt ruhig und friedlich, bereit, die nächsten Kinder zu erwarten. Und schon geht die Tür auf. Alex mit seiner Mutter an der Hand betritt den Raum. Frau K. schaut vom Basteln auf und begrüßt Mutter und Sohn freundlich. Alex will seine Mutter erst nicht gehen lassen, und sie kann sich ihm auch nur mit Gewalt entziehen. Unschlüssig bleibt Alex an der Tür stehen, nachdem die Mutter gegangen ist. Nach einigen Augenblicken geht er zögernd durch den Raum auf die Tischgruppe zu, rempelt einen anderen Jungen an und verwickelt sich danach mit ihm in eine Schlägerei, so bedrohlich, dass Frau K. eingreifen muss. Sie steht auf und versucht, auf Alex beruhigend einzureden. Frau K. ist eine warmherzige Frau, eine nette Erzieherin, die von ihren Kindern gemocht wird, auch von Alex. Die Szene mit ihm jedoch wiederholt sich jeden Morgen. Auch einige andere Kinder geraten dadurch in heftiges Rumtoben, was fast immer in Schlägereien mit Tränen endet.

a) *Wie erklären Sie sich das Entstehen der Aggressionen im vorliegenden Praxisbeispiel?*

b) *Welche Möglichkeiten sehen Sie, um die Aggressionen bei Alex zu reduzieren und sein Sozialverhalten zu verbessern?*

Aufgabe 6

„An einem verkaufsoffenen Samstagnachmittag im September überquerte die Familie mit ihrer zweieinhalbjährigen Andrea einen sehr belebten Platz mitten in Freiburg, als das Kind sich plötzlich weigerte, weiterzugehen. ‚Den Grund haben wir vergessen, nicht aber das laute Geschrei des Kindes, die teils empörten, teils belustigten Blicke der Passanten, die zu dieser Zeit in großer Zahl auf der Straße waren. Natürlich bemühten wir uns zunächst, unser Kind zu bewegen, mit uns mitzukommen. Je mehr wir uns aber um sie bemühten, umso lauter schrie sie. Ihr Kopf und unsere Köpfe wurden immer röter. Was tun? Ohne darüber zu diskutieren, einigten wir Eltern uns kurz, einfach weiterzugehen und das schreiende Kind stehen zu lassen. Wir erklärten ihr in das brüllende Gesicht hinein, wenn sie gern schreien und stehen bleiben wolle, dann möge sie hier am Brunnen auf uns warten. Wir gingen dann erst einmal allein weiter. Nicht ganz freiwillig ließ sie die Hand los, an der sie mich festzuhalten suchte und wir strebten eilig hinüber unter die Arkaden. Dort blieben wir hinter einer Säule stehen, schauten zurück und beobachteten sie. Das Kind war nicht stehen geblieben, sondern uns langsam nachgekommen. Sehen konnte sie uns nicht mehr, wegen der Säule und der vielen Menschen, die vorbeiströmten. Das Schreien war in Weinen übergegangen und Tränen liefen ihr die Backen herunter. Was hat uns in diesem Moment unser Kind leid getan! Wir aber hielten uns noch zurück und gingen ihr nicht entgegen. Stattdessen traten wir hinter der Säule hervor, sodass sie uns sehen konnte und warteten. Als sie uns erblickte – seit unserem Entschluss, einfach weiterzugehen, waren inzwischen keine drei Minuten vergangen –, lief sie rasch die paar Schritte zu uns hin, verbarg ihr Gesicht im Kleid der Mutter und schluchzte erbärmlich. Wir gingen gemeinsam weiter und verloren über den Zwischenfall kein Wort mehr; weder an diesem Tag noch an einem anderen. Eine solche Szene hat sich dann auch nicht wiederholt. Jedenfalls nicht auf offener Straße.'" *(Rumpf, 2002, S. 25 f.)*

a) Welche Entwicklungsphase und welche Merkmale dieser Phase können Sie erkennen?

b) Was halten Sie von der Lösung im vorliegenden Praxisbeispiel?

c) Zeigen Sie anhand von Beispielen richtiges und falsches Erzieherverhalten während der Autonomie- bzw. Trotzphase auf.

Aufgabe 7

Gleichaltrige und Jugendcliquen?

„Die Gruppe der Gleichaltrigen begleitet den Übergang von der Familie zu einer eigenen reifen Partnerschaft. Die notwendige Loslösung von der Familie wird durch die Clique abgefedert. Hier finden die Jugendlichen Gleichgesinnte mit gleichen Problemen. Hier treffen sie auf Verständnis für ihre schwierige Situation. Die Gruppe gewährt Geborgenheit und ist damit ein kleiner Ersatz für die Geborgenheit der Familie. Sie steht als Mehrheit hinter dem Jugendlichen und unterstützt ihn in seinem Ablösungsprozess.

Die Gruppe der Gleichaltrigen ist das ideale Trainingsgelände für soziales Verhalten. Hier kann man lernen, Unabhängigkeit und wechselseitige Abhängigkeit zu vereinbaren. Gemeinsam mit den Mitgliedern der Gruppe können Unternehmungen gewagt werden, die alleine zu riskant wären. Hier wird der Ablösungsprozess gestützt und neue Formen der Beziehung werden vermittelt.

Die Gruppe dient auch dem Zweck, das andere Geschlecht kennenzulernen. Das Interesse am anderen Geschlecht ist frühzeitig vorhanden. Die Aktivitäten der Gruppe dienen offen oder latent dem Zweck, Kontakt mit dem anderen Geschlecht aufzunehmen."
(Tücke, 2007, S. 186 f.)

Bitte erläutern Sie die Aussage von Oerter (2008, S. 295): „In der Kindheit wird der Gleichaltrige (‚Peer') zur wichtigsten Bezugsperson". Ziehen Sie dabei sowohl eigene Erfahrungen als auch den obigen Text mit ein.

Aufgabe 8

Schreiben Sie auf, welche Stellung Sie innerhalb einer Gruppe als neun- bis elfjähriges Kind einnahmen. Fügen Sie ein Bild hinzu, das Sie in einer Gruppe Gleichaltriger zeigt.

Aufgabe 9

Das NASA-Spiel (Entscheidungsspiel)

Anleitung:
Sie gehören einer Raumfahrergruppe (fünf Personen) an. Sie hatten den Auftrag, sich mit dem Mutterschiff auf der beleuchteten Mondoberfläche zu treffen. Wegen technischer Schwierigkeiten musste ihr Raumschiff 300 km entfernt vom Mutterschiff landen. Während der Landung ist viel von der Bordausrüstung zerstört worden. Ihr Überleben hängt davon ab, dass Sie das Mutterschiff zu Fuß erreichen. Sie dürfen nur das Allernotwendigste mitnehmen, um diese Strecke bewältigen zu können.

Nachstehend finden Sie eine Liste der 15 heil gebliebenen Gegenstände.
Ihre Aufgabe besteht nun darin, diese je nach Wichtigkeit für die Besatzung zu ordnen.
Ordnen Sie die 1 der allerwichtigsten Position zu, die 2 der nächstwichtigen usw., bis alle Positionen entsprechend ihrer Wichtigkeit vergeben sind.

Gegenstand	Position
eine Schachtel Streichhölzer	
eine Dose Lebensmittelkonzentrat	
15 Meter Nylonseil	
30 qm Fallschirmseide	
ein tragbarer Kocher	
zwei Pistolen 7,65 mm	
eine Dose Trockenmilch	

Gegenstand	Position
zwei Tanks je 50 l Sauerstoff	
eine Sternkarte (Mondkonstellation)	
ein Schlauchboot mit CO2-Flaschen	
ein Magnetkompass	
20 l Wasser	
Signalfeuer (brennt auch im luftleeren Raum)	
ein Verbandkasten mit Injektionsspritze	
ein FM-Sender und Empfänger, mit Sonnenergie betrieben	

(vgl. Antons, 2011, S. 155)

1. *Sortieren Sie die zehn Gegenstände nach ihrer Priorität.*

2. *Anschließend vergleichen Sie die Ergebnisse in Ihrer Kleingruppe (fünf Personen) und erstellen gemeinsam eine Gruppenliste.*

7 Entwicklung der Sexualität

Aufgabe 1

Vervollständigen Sie die angefangenen Sätze.

- Sexualität ist für mich

____

____

____

- Sexualerziehung ist für mich

____

____

____

- Über Sexualität zu sprechen macht mir

____

____

____

– Viele schämen sich über Sexuelles zu reden, weil

____

____

____

– Mit sexuellen Themen kann man am meisten verletzen, weil

____

____

____

– Es gibt Aspekte von Sexualität, von denen Kinder bzw. Jugendliche grundsätzlich fern gehalten werden sollten, weil

____

____

____

____

____

____

Aufgabe 2

a) „Sexualität umfasst die unmittelbar biologischen Funktionen und Empfindungen von der Befruchtung bis zur Geburt, insbesondere die damit zusammenhängenden Reflexe wie Erektion, Ejakulation, Orgasmus usw. Wie alle biologischen Funktionen ist die Sexualität nicht auf eine Person gerichtet, sondern auf ein allgemeines Reizobjekt. Wie mir beim Anblick eines Apfels das Wasser im Munde zusammenläuft, ganz unabhängig davon, ob der Apfel mir gehört oder dem Nachbarn, so entsteht im Mann beim Anblick einer entblößten Frau eine gewisse Erregung, ganz unabhängig davon, ob es sich um seine Frau handelt oder um eine fremde, ob er sie liebt oder nicht, ja ob er überhaupt im entferntesten daran denkt, sich irgendwie mit ihr einzulassen. Was den männlichen Sexus reizt, ist nicht persönliche Sympathie, sondern ganz allgemein der weibliche Sexus, wie es etwa das Wort ‚sexappeal' ausdrückt. Wohl zielt Sexualität über das Individuum hinaus auf Nachkommenschaft und braucht dazu einen gegengeschlechtlichen Partner, aber das unmittelbare Motiv des Individuums ist doch egoistische Lustbefriedigung, Begehrlichkeit. Der Partner ist nur Mittel zum Zweck. Die Sexualität ist der Träger des Fortpflanzungsauftrages und ist ebenso schöpfungsgemäß und gottgewollt wie etwa die Ernährung, die Atmung oder Blutzirkulation. Aber genau wie diese Funktionen gehört er in ein Ganzes hinein und wirkt widernatürlich, wenn er sich allein erregt und ausgelebt wird. Wer sinnlos isst, verdirbt sich, statt sich aufzubauen." *(Bovet, 1963, S. 15 f.)*

b) „Sexualität ist ein leiblich-sexueller Trieb, der auf bestimmte sexuelle Reize anspricht und nach lustvoller Spannung und Entspannung drängt. Wenn hier keine Integration in höhere Formen der Liebe stattfindet, dann sollte man nicht von Liebe, sondern vom bloßen Sexualtrieb sprechen. Was so oft unter dem Namen von Liebe gepriesen und angepriesen wird, ist in der Tat nichts anderes als reines leiblich-sexuelles Begehren. Während die menschenwürdige geschlechtliche Hingabe immer auch Ausdruck, Kräftigung und je neue Besiegelung einer tieferen dauernden und ganzmenschlichen Liebe ist und sein soll, wird bei einer nur leiblich-sexuellen Begegnung der Partner zu einer Sache, die man benutzt, der Partner wird damit als Mensch abgewertet, ja förmlich degradiert. Die Liebe der Freundschaft, die auch ohne Hinordnung auf geschlechtliche Vereinigung vorhanden sein kann, gewinnt eine letzte und tiefste Begründung, wenn sie in die Gottesliebe wurzelt. In ihrer Gottesliebe und sich als von Gott geliebt zu wissen, sind die Liebenden zutiefst eines und erleben als einander geschenkt. Es ist diese Gottesliebe, die am stärksten auch zur Treue in der Freundesliebe verpflichtet. Die Erziehung zur Grundhaltung der selbstlos dienenden Liebe ist die wichtigste und beste Vorbereitung zum rechten Verhalten auch im geschlechtlichen Bereich. Die selbstlos dienende Liebe wird der junge Mensch allerdings nur lernen, wenn man ihm hilft, sich selbst in Zucht zu nehmen." *(Pohlschneider, 1976, S. 34)*

c) „Sexualität: Lebenswille, der körperlich und geistig-seelisch wirksam ist und im Wunsch nach Lust, Kontakt und Zärtlichkeit zum Ausdruck kommt und die Erfüllung dieser Wünsche möglich macht. In der Fachsprache wird von Sexualität als einem Trieb gesprochen, d. h. einer angeborenen Energie, deren dauernde Wirksamkeit nicht immer zu Bewusstsein kommt und die im Leben durch bewusstes Verhalten gestaltet werden muss. Weil jeder Mensch persönliche Neigungen und Eigenarten auf sexuellem Gebiet entwickelt, kann eine für alle Menschen verbindliche Beschreibung der Sexualität immer nur sehr allgemein gehalten sein." *(Goldstein/McBride, 1972, S. 225)*

d) „Sexualität kann begriffen werden als allgemeine, auf Lust bezogene Lebensenergie, die sich des Körpers bedient, aus vielfältigen Quellen gespeist wird, ganz unterschiedliche Ausdrucksformen kennt und in verschiedenster Hinsicht sinnvoll ist." *(Sielert, 2005, S. 41)*

1. *Analysieren und bewerten Sie jeden Definitionsversuch und achten Sie dabei besonders auf: Art der Sprache, Ausdrucksweise, moralische Wertungen, Einstellungen zur Sexualität und Geschlechtsrollen.*

2. *Vergleichen Sie die Definitionen. Welche halten Sie für geeignet? Begründen Sie Ihre Wahl.*

Aufgabe 3

Einige Thesen zur Veränderung der Einstellung zur Sexualität

„Veränderungen im Sexualverhalten haben sich vor allem seit den 50er/60er-Jahren bis zum Beginn der 80er-Jahre vollzogen. Gekennzeichnet sind diese Veränderungen vor allem durch:

- Veränderungen der Einschätzung von Ehe und Familie als vorwiegendem Ort sexueller Betätigung
  Voreheliche Koituserfahrungen sind ‚normal' und oft sogar erwünscht. Jungfräulichkeit ist kein erstrebenswertes Ideal mehr. Vier von fünf Eltern haben nichts gegen Geschlechtsverkehr vor der Ehe einzuwenden; allerdings ist die Toleranz gegenüber Jungen etwas größer als bei Mädchen. Auch gegenüber Geschlechtsverkehr zwischen Jugendlichen unter 18 Jahren hat eine überwiegende Mehrheit der Eltern keine Einwände.

- Änderungen der Funktion von Sexualität
  Sexualität dient nicht (mehr) in erster Linie der Fortpflanzung, sondern ist eine vergnügliche Beschäftigung, die integraler Bestandteil einer Partnerschaft ist.

- Größere Offenheit gegenüber allem, was mit Sexualität zusammenhängt
  Das betrifft besonders Probleme und Varianten wie Homosexualität oder spezielle Sexualpraktiken.

- Enttabuisierung großer Bereiche der Sexualität
  Eher wird das Gegenteil propagiert: was früher tabu war, gilt manchmal als chic und wird in aller Öffentlichkeit breitgetreten (z. B. in Talkshows oder ‚Reports'). Wer Wert darauf legt, dass sein Intimbereich wirklich privat bleibt, gilt oft als ‚verklemmt' oder als ‚Spielverderber'.

- Ausweitung des ‚Normalitätsbereichs' von Sexualität
  Die Frage ‚normalen' Sexualverhaltens stellt sich nur noch selten, z. B. bei Pädophilie, Koprophilie oder Sodomie. Normal ist das, was beiden Partnern Spaß macht.

- Lockerung von Vorschriften im Bereich des Sexualstrafrechts
  Strafvorschriften oder diskriminierende Vorschriften im Bereich der Sexualität wurden gelockert (Pornografie) oder abgeschafft (Strafbarkeit von Sexualkontakten zwischen Männern), sodass auch z. B. für männliche und weibliche Homosexuelle eine unbelastete Partnerschaft möglich ist.

- Mehr Offenheit und damit größere Übereinstimmung zwischen Einstellung und Verhalten
  Als Folge der o. g. Enttabuisierung muss sich Sexualität nicht mehr verstecken (von Ausnahmen abgesehen) und kann offener gezeigt werden.

- Mehr Kenntnis über die menschliche Sexualität
  Seit den klassischen Studien von Kinsey u. a. (1948, 1953) sowie Masters & Johnson (1966) sind eine Reihe gut fundierter empirischer Studien zur menschlichen Sexualität durchgeführt worden, die unser Wissen um ‚normales' menschliches Sexualerhalten in verschiedenen Kulturen und Subkulturen erweitert haben.

- Bedeutung einer festen Beziehung für die Aufnahme sexueller Kontakte
  Besonders Mädchen legen meist Wert darauf, zumindest Koitusbeziehungen mit einem Partner zu haben, mit dem sie auch eine einigermaßen feste Beziehung verbindet.

- Entkrampfung sexueller Kontakte
  Während früher sexuelle Kontakte Jugendlicher oft unter Zeitdruck, in wenig erfreulichen Umgebungen und häufig unter kräftiger Beteiligung von Alkohol stattfanden, tritt das heute zurück. Dafür spielt das Auto eine wichtige Rolle.

- Rückgang der Angst vor heterosexuellen Kontakten
  Nach Erhebungen von Coleman (1984) hat z. B. die Angst vor Kontakten zum anderen Geschlecht bei 17-Jährigen nur noch eine verschwindend geringe Bedeutung."
  (Tücke, 2007, S. 208 f.)

Bitte lesen Sie den Text durch, geben Sie für jede Aussage mindestens ein Beispiel und überlegen Sie, ob die Aussage in der dargestellten Absolutheit zutrifft oder ob es vielleicht Ausnahmen und/oder Gegenbeispiele bzw. den Aussagen gegenläufige zeitliche und/oder kulturelle Trends gibt.

Aufgabe 4

Bitte ordnen Sie die folgenden Beispiele den entsprechenden Abschnitten der sexuellen Entwicklung zu.

a) Bei einem kleinen Jungen machte ich die Erfahrung, dass er, wenn ihm die kleinste Unannehmlichkeit zustieß, wenn er auf das Mittagessen oder auf das Hervorsuchen eines Spielzeugs warten musste, sofort den Finger in den Mund steckte.

b) Von einem Jungen, der besonders widerspenstig gegenüber den Reinlichkeitsanforderungen war, hörte ich, dass er, wenn er hie und da einmal den Wünschen der Eltern Genüge tat, einen wahren Triumphtanz aufführte und verlangte, jeder möge seine Produktion bewundern.

c) Ein Mädchen wird auf dem Lande Zeuge der Geburtswehen. Unter dem Eindruck des Ereignisses fragt das Kind die Mutter: „Sag, Mutti, Bauch oder Storch?“ In der plötzlichen Überraschung gibt die Mutter zu: „Bauch“, darauf das Mädchen: „Jetzt verstehe ich nur noch das eine nicht, wie du mich hinuntergeschluckt hast.“

d) Eine Kinderärztin erzählte, dass eines Tages bei der Morgenvisite ein kleiner Patient mit strahlendem Gesicht in seinem Bett saß und in der Hand irgendeinen braunen Gegenstand zusammenpresste. Als sie zu ihm kam, streckte ihr der Junge ein Stück harten Kot entgegen.

e) Hin und wieder wird nackt gespielt. Es werden Doktorspiele in den verschiedensten Variationen erfunden. Betrachten des Körpers ist ebenfalls zu beobachten.

Aufgabe 5

1. Beispiel
„Der liebe Gott hat es auf wunderbare Weise so eingerichtet, dass wirklich nur ein Vater und eine Mutter, die sich ganz lieb haben und sich ganz gut verstehen, ein Kindlein ins Leben rufen können. Wenn sie einander im Schlaf ganz fest umarmen, wenn sie sich ganz fest aneinanderkuscheln und sich ganz warm geben, dann passt das ‚Zötteli' des Vaters ganz genau in die kleine Öffnung bei der Mutter – wie der Schlüssel ins Schlüsselloch. Dann lässt der liebe Gott das Samensäftlein vom Vater zur Mutter hinüberfließen, und auf diese Weise findet es dann den Weg zu dem kleinen schlafenden Eilein, das tief drinnen im Bauch der Mutter versteckt ist." *(Gademann, 1978)*

2. Beispiel
„Schau, wie die jungen Vögelchen, so schlüpfen auch die kleinen Kindlein aus einem Ei. Dieses Ei, aus dem die kleinen Kindlein schlüpfen, kann niemand sehen, denn es liegt an einem ganz stillen, traulichen Örtlein verborgen: im Schoße der Mutter! Wenn du dort hineinschauen könntest, so würdest du zwei wunderbare Kästlein finden und in diesen eine Anzahl allerliebster runder Eierchen, aus denen neue Kindlein werden. Die Kästlein sind fest verschlossen, und nur der Vater darf sie öffnen. Durch seine große Liebe zu der Mutter tut sich das Türchen auf, ein Eilein kommt heraus, setzt sich auf ein hübsches, weiches Polsterchen ganz tief im Schoße der Mutter und fängt nun an zu wachsen, es entsteht ein Kindlein." *(Gademann, 1978)*

3. Beispiel
„Das kann ich dir am besten am Beispiel einer Pflanze erklären. Du weißt, jede Pflanze und jeder Baum trägt im Frühling Blüten. Sicher hast du schon oft die Bienlein auf den Blüten beobachten können und dich gefragt, was die dort wohl machen. Die haben eine ganz wichtige Aufgabe, denn sie bringen kleine, lebendige Blütenstaubkugeln von Blüte zu Blüte. Diese Kugeln schlüpfen dann durch die Blüte hinab zum Fruchtknoten und verschmelzen mit ihm. Wenn das geschehen ist, fängt eine neue Frucht, zum Beispiel ein Apfel, zu wachsen an. Bei den Tieren ist das ganz ähnlich. Nur heißt bei ihnen der Fruchtknoten Ei und der Blütenstaub Samen. Im Weibchen wachsen viele solche Eier, im Männchen die Samen. Kommt ein Sämchen mit einem Ei zusammen, so entsteht daraus ein junges Tier. So ist es auch beim Menschen." *(Gademann, 1978)*

4. Beispiel
„Wenn ein Mann eine Frau – zum Beispiel dein Vater und deine Mutter – ganz lieb hat und nah bei ihr sein will, dann wird sein Glied groß und stark, es richtet sich auf. Jetzt kann der Samen aus dem Glied herauskommen. Der Mann tut diesen Samen in die Scheide der Frau mit seinem Glied, und der Samen kann zum Ei der Frau kommen. Es tut gar nicht weh, wenn der Mann mit seinem Glied in die Scheide der Frau kommt, sondern beide freuen sich sehr daran und sind glücklich dabei. Aus dem Ei und dem Samen kann dann ein Kind entstehen." *(Gademann, 1978)*

Wie beurteilen Sie die vier Aufklärungsbeispiele?

1. Beispiel

____

____

____

2. Beispiel

3. Beispiel

4. Beispiel

Aufgabe 6

Wie ich wurde, was ich bin

Füllen Sie den folgenden Lückentext aus.

„Stellen Sie sich vor, Sie werden immer jünger und jünger. Die Zeit, die Vergangenheit, rast an Ihnen vorbei.

Die Zeitmaschine bleibt stehen.

Sie sind jetzt etwa fünf Jahre alt. Sie sind wieder ein kleines Mädchen/ein kleiner Junge. Wie sehen Sie aus? Wie groß sind Sie? Wie sind Sie angezogen? Sie sehen das Zimmer, in dem Sie sich befinden. Es ist Ihr altes Kinderzimmer. Dort, Ihr Lieblingsspielzeug. Sie vertiefen sich ins Spiel. Andere Kinder kommen ins Zimmer. Wer sind sie? Sind es Mädchen? Sind es Jungen? Was spielen Sie miteinander? Welche Rolle spielen Sie? Sie sehen Ihre Eltern. Sie schauen Sie an.

Ihre Mutter ist eine Frau, die ______________________________

Ihr Vater ist ein Mann, der ______________________________

Die Zeitmaschine ist wieder eingeschaltet.

Sie werden jetzt älter. Sie sind jetzt etwa neun Jahre alt. Wie groß sind Sie jetzt? Was haben Sie an? Welche Frisur haben Sie? Der Raum, in dem Sie sind, wird deutlicher. Es ist Ihr altes Klassenzimmer aus der Grundschule. Sie sitzen neben ____________________

Ihre Lehrerin/Ihr Lehrer betritt den Raum. Sie/er erzählt Ihnen eine Geschichte von Mädchen und Jungen. Sie/er sagt:

Mädchen sind ______________________________

Als Frauen werden sie ______________________________

Jungen sind ______________________________

Als Männer werden sie ______________________________

Die Zeitmaschine läuft weiter.

Nun sind Sie 14 Jahre alt. Sie feiern Geburtstag mit Ihren Freundinnen und Freunden: Wer ist gekommen? ______________________________

Am Abend feiern Sie mit Ihren Eltern. Sie machen Pläne für die Zukunft. Ihr Vater gibt Ihnen Ratschläge. Er erwartet von Ihnen, dass ______________________________

Ihre Mutter gibt Ihnen Ratschläge. Sie erwartet von Ihnen, dass ____________________

____

Die Zeitmaschine ist wieder eingeschaltet. Sie werden langsam älter. Sie kommen in diesen Raum zurück." *(Arbeitsgemeinschaft Jugend und Bildung, 1997, S. 9)*

Fragen:

– *Was haben Sie über Ihre Entwicklung zur Frau oder zum Mann gelernt?*

____

____

____

____

– *Welche Erwartungen werden an Mädchen und Frauen gestellt? Welche Erwartungen werden an Jungen und Männer gestellt? Erläutern Sie die Unterschiede und Gemeinsamkeiten.*

Aufgabe 7

Skizzen einer Ehe

Setzen Sie in die Lücken jeweils eine der beiden Personen ein: Gerd oder Anne.

„Gerd und Anne heirateten noch während ihres Studiums an der Universität in H. Nach dem gemeinsamen Examen begann ________________ eine Dissertation, während ________________ an eine Schule in H. ging, damit wenigstens einer von beiden Geld verdiente. Als das erste Kind geboren wurde, passte ________________ vormittags auf das Baby auf, solange ________________ in der Schule war. Nachmittags und am Wochenende erledigte ________________ dann die Hausarbeit, damit ________________ die Doktorarbeit fertigstellen konnte. Soweit wie möglich half ________________ natürlich dabei.

Nach Abschluss der Promotion fand ________________ nicht die erhoffte Anstellung an einem Forschungsinstitut und ging dann auch an die Schule. Als später die Mutter von Gerd pflegebedürftig wurde, musste ________________ sich für längere Zeit beurlauben lassen, um sie zu pflegen.

Das Kind hatte sich inzwischen in einem privaten Kindergarten, der den Eltern ein großes Mitspracherecht zubilligte, gut eingelebt. Durch starkes Engagement in der Elternarbeit lernte ________________ bald die Probleme der anderen Eltern kennen und bereitete zusammen mit diesen eine Aktion „Sichere Spielmöglichkeiten im Wohnbereich“ vor.

Dadurch wurde ______________ zeitlich zusätzlich stark belastet.

Über Kollegen hörte ______________ von einer interessanten, höher dotierten Stelle in X., einer etwa 50 km entfernten kleineren Stadt, auf die ______________ sich mit Erfolg bewarb. Obwohl ______________ lieber in H. geblieben wäre, suchten sie eine Wohnung in der Stadt X. und dort auch eine Stelle für ______________, damit ______________ nach der bevorstehenden Ankunft eines zweiten Kindes wenigstens noch halbtags arbeiten und gleichzeitig die Kinder versorgen könnte. Auch wenn dann später beides zusammen manchmal recht anstrengend für ______________ war, so lag ______________ doch viel daran, die Verbindung zu dem Beruf aufrechtzuerhalten, und ______________ unterstützte ______________ natürlich auch sehr darin." *(Arbeitsgemeinschaft Jugend und Bildung, 1997, S. 19)*

Aufgabe 8

Mütterleben – Väterleben

„Was wir für unsere Aufgabe halten, hängt von den früheren Erfahrungen ab, die wir in unserem privaten Umfeld machen. Welche Rollenaufteilung gibt es bzw. gab es in Ihrer Familie?

Notieren sie vor jedem Bereich die Zuständigkeit: ein M für Mutter, ein V für Vater oder ein E für beide:"

- ◯ Berufstätigkeit
- ◯ Hausarbeit
- ◯ Kinderbetreuung
- ◯ Hilfe u. Kontrolle bei den Schulaufgaben
- ◯ Besuch von Elternsprechtagen und Elternabenden
- ◯ Initiative für gemeinsame Urlaube
- ◯ Initiative für gemeinsame Freizeitaktivitäten
- ◯ Interesse für Politik, Wirtschaft u.Ä.
- ◯ Fahren und Pflege des Autos
- ◯ kochen, Geschirr spülen, aufräumen
- ◯ Wäsche waschen, bügeln
- ◯ staubsaugen, Küche, Bad u. Toilette putzen
- ◯ Pflege von verwandtschaftlichen und freundschaftlichen Kontakten (Geburtstagsgratulationen, Post)
- ◯ Letztentscheidung bei finanziellen Fragen (größere Anschaffungen, „Luxusausgaben", Sparverhalten, Geldanlage)
- ◯ vertrauliche Fragen oder Probleme, Trost und Zuspruch
- ◯ Wertehaltungen
- ◯ Bewirtung von Gästen
- ◯ einkaufen für den täglichen Bedarf

(Arbeitsgemeinschaft Jugend und Bildung, 1997, S. 23)

Aufgabe 9

Wahr oder falsch?

Kreuzen Sie bitte an.
„In politischen Ämtern finden sich immer noch mehr Männer als Frauen. Welche der folgenden Erklärungen halten Sie für zutreffend?

- ◯ Frauen sind für politische Mandate schlechter geeignet.
- ◯ Frauen mit Familie haben keine Zeit für politische Arbeit.
- ◯ Die meisten Politiker wollen nicht, dass Frauen stärker vertreten sind.
- ◯ Männer interessieren sich mehr für Politik.
- ◯ Jungen werden schon in der Schule mehr als Mädchen dazu ermuntert, sich gesellschaftspolitisch zu engagieren.
- ◯ Mädchen werden in der Schule nicht dazu ermuntert, sich gesellschaftspolitisch zu engagieren.
- ◯ Frauen sind körperlich und geistig nicht so belastbar wie Männer.
- ◯ Frauen müssen besser sein als Männer, um ein politisches Amt zu erhalten.
- ◯ Frauen sind nur in wenigen Bereichen (Gesundheit, Soziales, Bildung, Kinder) kompetent genug.
- ◯ Frauen sind nicht so gerne in der Öffentlichkeit tätig wie Männer.
- ◯ Männer wollen keine weiblichen Vorgesetzten.
- ◯ Frauen sind nicht so durchsetzungsfähig wie Männer.
- ◯ Arbeitszeit und -organisation in der Politik sind nichts für Frauen."

(Arbeitsgemeinschaft Jugend und Bildung, 1997, S. 27)

Aufgabe 10

Geschlechterstereotype

„Geschlechterstereotype werden im Lauf der kindlichen Entwicklung immer stabiler und differenzierter, wie eine Untersuchung von Best et al. (1977) gezeigt hat. Die Autorin und ihre Arbeitsgruppe befragten 5- und 11-jährige Kinder, ob bestimmte Eigenschaften typisch männlich oder typisch weiblich wären. Schon die 5-jährigen Mädchen und Jungen waren (in Übereinstimmung mit Erwachsenen) sich einig darin, dass Jungen ‚stark, aggressiv, unordentlich, grausam, grob, ehrgeizig und überheblich', Mädchen hingegen ‚gefühlsbetont, sanftmütig, weichherzig, liebevoll und schwach' seien. Diese Stereotype waren bei den 11-jährigen Jungen und Mädchen noch ausgeprägter und weitgehend identisch mit denjenigen der Erwachsenen.

In einer Untersuchung von Rebecca Bigler (1995) an N=66 6–10-jährigen Schulkindern wurden die Kinder in drei Typen von Klassen unterrichtet. In einem Typ wurde das Geschlecht durch die Lehrer besonders betont (‚Alle Jungen gehen nach hier, alle Mädchen nach dort.' – ‚Jungen arbeiten links von mir, Mädchen in der rechten Hälfte des Klassenzimmers.'), in einem zweiten Typ wurde das Geschlecht nicht verwendet (stattdessen wurde anhand von Namenslisten eingeteilt), und in einem dritten Typ wurden die Gruppen willkürlich nach ‚Roter Gruppe' und ‚Grüner Gruppe' eingeteilt. Nach vier Wochen wurde die Ausprägung der Geschlechterstereotypen erfasst. In den Klassen, in der das Geschlecht besonders betont wurde, wurde besonders bei den Kindern, die ohnehin zu stereotypen Meinungen tendierten, diese Tendenz durch das Verhalten der Lehrer noch verstärkt.

Vor diesem Hintergrund kann man sich fragen, ob Bestrebungen, ‚typische' Eigenschaften von Mädchen als Basis für spezielle Erziehungsmaßnahmen (etwa partielle Aufhebung des gemeinsamen Unterrichts) zu nehmen, dem Abbau von Stereotypen und einem verbesserten Verständnis zwischen den Geschlechtern förderlich sind."

(Tücke, 2007, S. 185 f.)

Bitte lesen Sie den Text aufmerksam durch und überlegen Sie sich die Vor- und Nachteile der Aufhebung der Koedukation in bestimmten Fächern (z. B. Mathematik, Physik, Sport).

Aufgabe 11

Jungen und Mädchen spielen unterschiedlich. Erläutern Sie, welche Entwicklungsbedingungen dazu beitragen könnten und wie das Erziehungsverhalten der Eltern hier eingreifen kann.

Aufgabe 12

„Bis in die Gegenwart hinein sind in breiten Schichten der Bevölkerung feste Vorstellungen darüber vorhanden, welche Verhaltensweisen und Persönlichkeitsmerkmale als typisch ‚männlich' und typisch ‚weiblich' gelten können. So wird männlichen Kindern, Jugendlichen und Erwachsenen ein großes Ausmaß von aktivem und durchsetzungsbezogenem Verhalten zugestanden, zugleich wird von ihnen wie selbstverständlich die Aufnahme einer Berufstätigkeit und das Durchlaufen einer Berufskarriere erwartet. Demgegenüber werden weiblichen Kindern, Jugendlichen und Erwachsenen stärker gefühlsbetonte und auf Unterstützung anderer ausgerichtete Verhaltensmerkmale zugeschrieben, zugleich verbunden mit der Erwartung, dass sie sich intensiv um Belange der Familie und vor allem auch der Kindererziehung zu kümmern haben.

Die Rollenmuster werden auch schon früh in der familialen und schulischen Erziehung zugrunde gelegt. Die Konsequenz ist, dass Männer mehrheitlich aggressive und auf Vorherrschaft ausgerichtete Verhaltensweisen zeigen, Frauen dagegen mehrheitlich gefühlsbezogene und zurückgezogene.

Der Prozess der Identifizierung mit der eigenen Geschlechtsrolle lässt sich vermutlich nicht in genetische, biologische und psychische Komponenten zerlegen, sondern diese beiden Komponenten bauen aufeinander auf und beziehen sich aufeinander. Die biologisch angelegten Unterschiede werden sozial interpretiert und überformt, sodass es für einen jungen Mann oder eine junge Frau gar nicht möglich ist, zwischen den eigenen Anlagen und Merkmalen und den oft sehr fest gefügten, stereotypen Erwartungen der Umwelt an die eigenen Merkmale und Verhaltensweisen zu unterscheiden."
(Hurrelmann, 1998, S. 16)

- *Wie erklärt Hurrelmann die Entstehung der unterschiedlichen Verhaltensmerkmale?*

____

____

____

____

____

____

____

____

____

- *Was können Sie über unterschiedliche Erziehung von Jungen und Mädchen in anderen Ländern herausfinden (Internet, multikultureller Hintergrund im Kindergarten)?*

____

____

____

____

____

Aufgabe 13

Durch wen und wann sind Sie aufgeklärt worden? Wie hat sich bei Ihnen Ihre kindliche, sexuelle Neugierde gezeigt?

8 Entwicklung der Bedürfnisse

Aufgabe 1

Nach Maslow beherrschen die Bedürfnisse auf den unteren Ebenen der Hierarchie die Motivation eines Menschen so lange, wie sie unbefriedigt bleiben. Sind sie jedoch in angemessener Weise befriedigt worden, so beschäftigen die höheren Bedürfnisse die Aufmerksamkeit und die Bestrebungen des Menschen.
Finden Sie zu dieser Aussage passende Beispiele.

Aufgabe 2

Auf welche Widerstände und Grenzen trifft die Erfüllung von Bedürfnissen bei Kindern?

Aufgabe 3

Zeigen Sie mögliche Folgen einer unzulänglichen Befriedigung kindlicher Bedürfnisse auf.

9 Entwicklung der Leistungsmotivation

Aufgabe 4

Welche Motive haben für Sie bei der Wahl des Erzieherinnenberufes eine wesentliche Rolle gespielt? Versuchen Sie Ihre Berufswahlmotive mit Ihrer Biografie in Verbindung zu bringen.

Aufgabe 5

a) Was motiviert Sie an der Ausbildung zur Erzieherin?

b) Was demotiviert Sie an der Ausbildung zur Erzieherin?

Aufgabe 6

Jonas (drei Jahre) ist seit drei Wochen in Ihrer Kindergartengruppe. Er hat die ganze Zeit gebraucht, um sich einzugewöhnen. An den letzten beiden Tagen beteiligte er sich zum ersten Mal im Freispiel am Maltisch und hat mit sichtbarem Eifer ein Bild gemalt. Am Mittag zeigte er es seiner Mutter, die nach kurzem Betrachten in kühlem Ton zu ihm sagte: „Prima, aber du weißt, grüne Katzen gibt es nicht!"
Aus welchen Gründen kann sich das Verhalten der Mutter motivationshemmend auf Jonas auswirken und welche möglichen Wirkungen sind im Hinblick auf die Leistungsmotivation denkbar?

Aufgabe 7

Wie können Sie Kinder zu einem akzeptablen Leistungsverhalten motivieren?

Aufgabe 8

Welche Rolle spielt die Leistungsmotivation in unserer Gesellschaft?

10 Entwicklung des Neugierverhaltens

Aufgabe 9

Kinder sind von Natur aus neugierig.
Belegen Sie diese Aussage anhand von Beispielen aus der Praxis.

Aufgabe 10

„Neugierde und Interessen zeigen, wie kaum ein anderes kindliches Verhalten, ein Gefälle von der Geburt bis zum Tode." (Schraml, 1999, S. 303)
Belegen Sie dieses Zitat anhand von Beispielen.

Aufgabe 11

Welche besonderen Interessen hatten Sie im Alter zwischen sechs und neun Jahren? Schreiben Sie diese Interessen auf.

Aufgabe 12

Erinnern sich Ihre Eltern oder Sie sich selbst an eine gefährliche Situation, in die Sie sich als Kind durch Ihr Neugierverhalten brachten? Schreiben Sie dieses Erlebnis auf.

11 Entwicklung der Emotionen

Aufgabe 1

Erläutern Sie die folgenden Begriffe.

- Gefühl
- Acht-Monats-Angst
- Neurotische Angst

Aufgabe 2

Emotionen haben eine zentrale Bedeutung für die zwischenmenschlichen Beziehungen. Verdeutlichen Sie diese Aussage mithilfe eines Beispiels.

Aufgabe 3

Ein Großteil der Gefühle ist kulturspezifisch überformt, d. h., jede Kultur entwickelt andere Ausdrucksformen oder Anlässe für Gefühlsregungen.
Stellen Sie fest, wie z. B. Gefühle wie Freude, Trauer usw. in unterschiedlichen Kulturkreisen ausgedrückt werden.

Aufgabe 4

Notieren Sie Beispiele für Bewertungen und Tabuisierungen von Gefühlen in unserer Gesellschaft. Sind diese Bewertungen und Tabuisierungen sinnvoll?

Aufgabe 5

Frau M. möchte, dass ihre Tochter später einmal ein recht selbständiger und unabhängiger Mensch wird, der gut zurechtkommt. Deshalb verhält sie sich ihrer Tochter gegenüber schon von klein auf distanziert und überlässt sie viel sich selbst, um die Tochter nicht zu fest an die Mutter zu binden. Welche Informationen würden Sie dieser Mutter geben?

____

____

____

____

____

____

Aufgabe 6

Übung zum Ausdruck von Gefühlen

Stellen Sie sich jedes Mal vor, Sie werden angesprochen. Schreiben Sie auf, welche Gefühle diese Sätze bei Ihnen auslösen können.

1. *„Stellen Sie sich einmal vor, Sie wären ein Kind. Ihre Mutter hätte Sie zum Einkaufen geschickt und Sie kommen unverrichteter Dinge zurück, weil Sie das Portemonnaie vergessen haben. Ihre Mutter ist ärgerlich, weil sie heute besonders viel zu tun hat und sagt:*

   a) ‚Du kannst aber auch gar nichts!'

   Ihre Gefühle:

   ____

   ____

   b) ‚Das macht mich aber ganz schön sauer, weil ich doch jetzt das Mittagessen kochen wollte!'

   Ihre Gefühle:

   ____

   ____

2. *Und noch einmal sind Sie ein Kind und Sie berichten Ihrem Vater, dass Sie seinen Metallbohrer verbogen haben. Er sagt ärgerlich:*

   a) ‚Das hast Du ja wieder einmal großartig gemacht!'

   Ihre Gefühle:

   ____

   ____

b) ‚Ja, das finde ich wirklich nicht gut!'

Ihre Gefühle:

____

____

3. *Stellen Sie sich vor, Sie sind zärtlich mit einem Partner/einer Partnerin zusammen und er/ sie sagt plötzlich ärgerlich:*

a) ‚Du bist wirklich unsensibel!'

Ihre Gefühle:

____

____

b) ‚Du, ich brauche noch mehr Einfühlung von Dir!'

Ihre Gefühle:

____

____

4. *Stellen Sie sich noch einmal vor, Sie wären ein Kind. Diesmal sind Sie im Gespräch mit Ihrem Lehrer, Sie sind aber recht unaufmerksam und Ihr Lehrer sagt ärgerlich:*

a) ‚Du hörst mir ja nie zu!'

Ihre Gefühle:

____

____

b) ‚Ich mag gar nicht weiterreden und habe keine Lust dazu, weil ich nicht weiß, ob es Dich überhaupt interessiert.'

Ihre Gefühle:"

____

____

(Schwäbisch/Siems, 1988, S. 57 f.)

Aufgabe 7

Wenn ich wütend bin …

- ◯ brülle ich meinen Ärger laut heraus.
- ◯ lenke ich mich ab, indem ich an etwas anderes denke.
- ◯ esse ich erst mal eine Tafel Schokolade.

- ◯ schlucke ich meine Wut herunter.
- ◯ möchte ich mich am liebsten in ein Mauseloch verkriechen.
- ◯ zeige ich es bestimmt nicht vor den Kindern.
- ◯ unterdrücke ich diese Gefühle und überlege ganz sachlich, was zu tun ist.
- ◯ kriegt der nächste, der mich anspricht, von mir eine brummige Antwort.
- ◯ bin ich den ganzen Tag zu nichts zu gebrauchen.
- ◯ lass ich zu Hause Dampf ab.
- ◯ mache ich spitze Bemerkungen.
- ◯ ....

Kreuzen Sie die für Sie jeweils zutreffende Verhaltensweise an.

Aufgabe 8

Es gibt sehr viele Möglichkeiten, mit Wut und Ärger umzugehen.

a) Welche haben Sie gelernt?

____

____

____

b) Welches „Modell“ leben Sie den Kindern in der Praxis vor?

____

____

____

c) Welches Verhalten ist für Sie gesund und entlastend?

____

____

____

d) Welches Verhalten wirkt sich positiv auf Ihre Beziehungen zu anderen Menschen aus?

____

____

____

e)

Aufgabe 9

Stellen Sie Ihr Ärger-Barometer fest.

Was lässt Sie während der Ausbildung kalt, was bringt Sie zum Kochen?
Machen Sie eine Liste Ihrer größten Ärger-Punkte.
Wer und was stehen ganz oben (Eltern, Mitschüler/Mitschülerinnen, Lehrer/Lehrerinnen, Praxisanleiterinnen/Praxisanleiter)?
Welche Gemeinsamkeiten, welche Unterschiede gibt es?

Aufgabe 10

Reflexion zur Auseinandersetzung mit eigenen Gefühlen

Bitte schreiben Sie auf.

a) Was belastet mich?

____

____

b) Was ängstigt mich?

____

____

c) Was macht mir Sorgen?

____

____

d) Was freut mich?

____

____

e) Was entspannt mich?

____

____

f) Was ruft bei mir Trauer hervor?

____

____

g) Was lähmt mich?

____

____

h) Welche Gefühle drücke ich eher direkt und klar aus?

i) Welche Gefühle drücke ich eher indirekt und unklar aus?

j) Welche Gefühle möchte ich mehr entwickeln?

Aufgabe 11

Wie reagieren Erwachsene Ihrer Beobachtung nach auf ängstliches Verhalten von Kindern?

Aufgabe 12

Erinnern Sie sich an frühe Angsterlebnisse und schreiben Sie diese auf.

Aufgabe 13

Das kleine Mädchen will nicht stillsitzen: „Wann sind wir endlich da?" Die Mutter antwortet: „Wenn Du nicht sofort sitzen bleibst, kommt der Busfahrer und lässt Dich aussteigen, dann stehst Du ganz allein auf der Straße!"
Welche Folgen kann diese Äußerung der Mutter hervorrufen?

Aufgabe 14

Katja hat große Angst vor Hunden. Die Erzieherin bringt einen Hund mit in den Kindergarten und lässt ihn frei herumlaufen. Die Absicht ist, dass Katja sich an Hunde gewöhnt. Als Katja den Hund sieht, bekommt sie panische Angst und läuft weg.
Wie beurteilen Sie die Vorgehensweise der Erzieherin?
Welche Vorgehensweise der Erzieherin wäre sinnvoller gewesen?

Aufgabe 15

Die erste Bewegungsaktivität

Manuel ist fünf Jahre alt und geht seit zwei Wochen in den Kindergarten. Dort gefällt es ihm sehr gut. Besonders toll findet er die Bauecke mit den vielen Bausteinen und der großen Eisenbahn. Als er noch nicht in den Kindergarten ging, hat er sich oft gelangweilt, aber das ist nun vorbei. Im Kindergarten gibt es immer so viel zu tun, dass er oft nicht weiß, womit er beginnen soll.

Heute führt Frau Kopp eine Bewegungsaktivität durch. Manuels Mutter hat eine Turnhose und ein Turnhemd für Manuel gekauft und in einen bunten Turnbeutel gesteckt. Manuel ist stolz darauf und neugierig, was in der Bewegungsstunde wohl passieren wird. Aber dann kommt alles so, wie er es sich bestimmt nicht vorgestellt hat.

Zu Beginn der Aktivität laufen, hüpfen und kriechen alle durch den Raum. Zuerst geht es über eine Bank, dann unter einer Bank her. Manuel hat großen Spaß dabei. Schließlich kommt die Sprossenwand an die Reihe und Frau Kopp fragt, wer zuerst hinaufklettern will. Sofort rufen viele Kinder: „Ich, ich!" Manuel wird es beim Anblick der Sprossenwand ganz komisch. Sie kommt ihm unendlich hoch vor und er denkt: „Wie kann man nur da hinaufklettern, wenn man doch so leicht herunterfallen kann. Ich werde mich nie trauen." Nacheinander klettern alle Kinder bis oben hinauf und auf der anderen Seite wieder herunter. Manuel wird immer komischer zumute. Sein Herz klopft schnell und er rutscht auf seinem Platz hin und her. Nur eines kann er noch denken: „Hoffentlich fragt mich keiner, ob ich nicht auch da hinauf will!" Aber dann passiert es doch. Frau Kopp fragt: „Na, Manuel, wie ist es? Willst du nicht auch hinaufklettern?"

Was meinen Sie, wie die Geschichte weitergehen könnte?

Aufgabe 16

Kreuzen Sie bitte an, was am ehesten für Sie zutrifft.

Generalisierte Angststörung

„Leiden Sie unter den folgenden Symptomen?

- ◯ Herzrasen oder unregelmäßiger Herzschlag
- ◯ Schwitzen
- ◯ Zittern oder innerliches Beben
- ◯ Mundtrockenheit
- ◯ Luftnot
- ◯ Engegefühl oder Kloß im Hals
- ◯ Schmerzen, Druck oder Enge in der Brust
- ◯ Übelkeit oder Magenbeschwerden
- ◯ Schwindel, Unsicherheit, Benommenheit oder Angst, in Ohnmacht zu fallen
- ◯ Gefühl, nicht da zu sein oder neben sich zu stehen
- ◯ Angst, die Kontrolle zu verlieren oder verrückt zu werden
- ◯ Angst zu sterben
- ◯ Hitzewallungen oder Kälteschauer
- ◯ Taubheits- oder Kribbelgefühle in den Gliedmaßen oder im Gesicht

Leiden Sie unter mindestens vier der Symptome, wobei allerdings diese Symptome nicht gleichzeitig in Form von heftigen Panikanfällen auftreten, sondern mehr oder weniger über den Tag verteilt auftreten?

Leiden Sie zusätzlich unter:

- ◯ Unruhe oder Nervosität
- ◯ Konzentrationsschwierigkeiten
- ◯ Reizbarkeit
- ◯ Einschlafstörungen
- ◯ Übertriebene Reaktionen auf kleine Schrecksituationen

Haben Sie außerdem häufig Sorgen oder Befürchtungen, z. B. dass Ihnen oder einem Familienmitglied ein Unglück passieren könnte?

Alle drei Kästchen mit JA beantwortet?

Es besteht der Verdacht, dass bei Ihnen eine ‚Generalisierte Angststörung' vorliegt."
(Bandelow, 2007, S. 352)

Aufgabe 17

Kreuzen Sie bitte an, was am ehesten für Sie zutrifft.

Soziale Phobie

„Haben Sie Angst in Situationen, in denen Sie befürchten, dass andere Leute negativ über Sie urteilen, Ihr Aussehen kritisieren oder Ihr Verhalten als dumm, peinlich oder ungeschickt ansehen könnten? Beispiele für solche Situationen sind:

- ◯ Ich habe in Restaurants Angst, dass ich mich dort peinlich benehmen könnte.
- ◯ Ich habe große Angst vor Respektpersonen.
- ◯ Ich hasse es, wenn mich jemand bei der Arbeit beobachtet.
- ◯ Ich habe viel zu wenig Durchsetzungsvermögen.
- ◯ Ich habe große Angst vor Situationen, in denen ich einen Vortrag halten, einen Witz erzählen oder etwas an die Tafel schreiben müsste.
- ◯ Wenn ich weniger schüchtern wäre, hätte ich beruflich aufsteigen können.
- ◯ Ich hätte Angst, wenn man bei einem Zusammensein von Bekannten, Freunden oder Verwandten über mich redet, während ich dabei bin.

Haben Sie mindestens zwei dieser Fragen mit JA beantwortet?

In den genannten Situationen kommt es bei mir zu körperlichen Erscheinungen, wie (mindestens 1):

- ◯ Erröten
- ◯ Zittern
- ◯ Angst, mich zu übergeben.
- ◯ Gefühl, auf die Toilette zu müssen.

Beide Kästchen mit JA beantwortet?

Es besteht der Verdacht, dass bei Ihnen eine ‚Soziale Phobie' vorliegt."
(Bandelow, 2007, S. 353)

Aufgabe 18

Kreuzen Sie bitte an, was am ehesten für Sie zutrifft.

Einfache (Spezifische) Phobie

„Haben Sie starke Angst vor bestimmten Dingen oder Situationen, wobei die Angst jedoch nur auf wenige Dinge oder Situationen, z. B. auf 1 oder 2 beschränkt bleibt?

Beispiele hierfür sind:

- ◯ Insekten oder Spinnen
- ◯ Tiere (Katzen, Hunde, Pferde)
- ◯ Naturgewalten (Donner, Sturm, tiefes Wasser)
- ◯ Blut, Verletzungen, Spritzen
- ◯ Situationen wie Höhen, Fahrstuhl, Tunnel

Haben Sie mindestens 1 der obigen Dinge angekreuzt?

Empfinden Sie diese Angst als übertrieben bzw. stärker als andere

Menschen?

Beide mit JA beantwortet?

Es besteht der Verdacht, dass bei Ihnen eine ‚Einfache Phobie' vorliegt."
(Bandelow, 2007, S. 354)

Aufgabe 19

Kreuzen Sie bitte an, was am ehesten für Sie zutrifft.

Ist die Angst bei mir schon krankhaft?

„Wenn Sie aufgrund des vorhergehenden Tests eine Vermutung haben, dass bei Ihnen eine Angststörung vorliegen könnte, Sie sich aber nicht sicher sind, ob dies noch ‚normal' oder ‚krankhaft' ist, beantworten Sie bitte folgende Fragen:

- ◯ Ich denke mindestens 50 Prozent des Tages über meine Ängste nach.
- ◯ Wegen meiner Ängste habe ich meine Leben völlig umgestellt, sodass ich viele Dinge nicht tun kann, die ich gerne machen würde.
- ◯ Wegen meiner Ängste trinke ich häufig zu viel Alkohol oder nehme zu viele Beruhigungstabletten ein.
- ◯ Meine ständigen Ängste führen dazu, dass ich depressiv und niedergeschlagen bin.
- ◯ Wegen meiner Ängste habe ich bereits Selbstmordgedanken gehabt.

- ◯ Wegen meiner Ängste habe ich ernsthaft Schwierigkeiten im Beruf.
- ◯ Wegen meiner Ängste habe ich Probleme mit meiner Partnerschaft.

Haben Sie mindestens eine der obigen Fragen mit JA beantwortet?

Es ist anzunehmen, dass Sie an einer behandlungsbedürftigen Angststörung leiden. Sie sollten dies mit einem Arzt oder Psychologen besprechen."

(Bandelow, 2007, S. 355)

12 Entwicklung des Spielens

Aufgabe 1

Ist spielen angeboren oder erlernt? Versuchen Sie, auf diese Frage eine Antwort zu geben.

____

____

____

____

Aufgabe 2

Nennen Sie Unterschiede zwischen dem Spiel des Kindes und der Arbeit des Erwachsenen.

____

____

____

____

Aufgabe 3

Spieltheorien

Im Laufe der Zeit sind eine Reihe von Spieltheorien entstanden, die in der Regel jeweils eine Seite des Spiels besonders betonen. Bekannte Theorien sind:

a) Die Vorübungstheorie von Groos: Spiel als Vorübung des Ernstfalles

b) Erholungstheorie von Lazarus: Spiel als Ausgleich zur Arbeit

c) Kraftüberschusstheorie von Spencer: Spiel als Abreaktion überschüssiger Kräfte

d) Begegnungstheorie von Haigis: Spiel als Wagnis und Abenteuer

e) Funktionslust-Theorie von Bühler: Er meint damit, dass die spielerische Übung der Gliedmaßen dem Kind Freude und Spaß bereitet.

f) Fröbel: Spiel als Ausdruck der schöpferischen Kräfte des Kindes

Finden Sie zu jeder Spieltheorie ein passendes Spiel.

a) ______________________________

b) ______________________________

c) ______________________________

d) ______________________________

e) ______________________________

f) ______________________________

Aufgabe 4

Kontroverse Meinungen zur Funktion des Spiels

Nehmen Sie Stellung zu den kontroversen Meinungen zur Funktion des Spiels.

1.

Die Fähigkeit zu spielen beruht auf einem natürlichen Spieltrieb, braucht also nicht extra gelernt zu werden.	Spielfähigkeit ist bei Kindern und bei Jugendlichen und Erwachsenen nur beschränkt vorhanden – aufgrund der geringen Möglichkeiten zu kreativem Verhalten und der entfremdeten Freizeitsituation.

2.

Spielen und Lernen schließen sich nicht aus, denn für Kinder bedeutet ihr Spiel das Kennenlernen ihrer Möglichkeiten im Umgang mit Sachen und Menschen und auch beim Spiel von Jugendlichen können diese neue Erfahrungen machen, also lernen.	Spielen dient der Unterhaltung und Geselligkeit und hat nichts mit Lernen zu tun, denn das Lernen würde einem ja auch den Spaß am Spiel verderben. Lernen und Arbeiten sind eine Sache und Spiel eine ganz andere.

3.

Mit dem Spiel verändert man nicht die Welt. Spiel stellt vor allem eine Flucht vor der aktiven Auseinandersetzung mit den Problemen der Gesellschaft dar. Nicht umsonst sagt man, dass „Brot und Spiele" wichtige Maßnahmen zur Sicherung der Loyalität der Massen sind. Der zentrale Ansatz zur Veränderung der Gesellschaft besteht am Arbeitsplatz – Spiel aber findet in der Freizeit statt.	Mit Spielmethoden kann man durchaus zur Veränderung der Gesellschaft beitragen, sofern man diesen Freiraum aktiv als Übungsraum beispielsweise für ein kommunikativeres, lustvolleres Verhalten nutzt. Zwar verändert man durch das Spiel keine strukturellen Probleme, kann aber das Bewusstsein und teilweise das Verhalten als wichtige Voraussetzung für strukturelle Veränderungen verbessern.

4.

Für die Qualität eines Spiels ist entscheidend, ob es der Spielgruppe gefällt und ihr viel Spaß vermittelt. Spaß entsteht vor allem dann, wenn für den einzelnen Spielteilnehmer möglichst viel Selbstbestätigung dabei herauskommt.	Für die Qualität eines Spiels ist entscheidend, dass es möglichst wenig Angst und Konkurrenzverhalten und möglichst viel Eigenaktivität und unkonventionelles Verhalten bewirkt.

5.

Pädagogische Ziele kann man mit Spielmethoden nur verwirklichen, wenn sie im Rahmen eines kontinuierlichen Gruppenprozesses ablaufen, wo die Erfahrungen im Spiel mit Alltagsrealität und anderen Eindrücken konfrontiert werden.	Pädagogisch effizient ist das Spiel auch gerade in seiner Einmaligkeit und in der Entlastungsfunktion, durch den Abstand zur Realität und die Freude an Entspannung und Erholung.

Aufgabe 5

Erläutern Sie, wie sich die Spielmerkmale „Zweckfreiheit", „Aktivierungszirkel", „handelnde Auseinandersetzung mit einem Stück real begegnender Welt", „undifferenzierte Zielstruktur und unmittelbare Zeitperspektive" und „Quasi-Realität" im Verhalten von Kindern zeigen.

Aufgabe 6

Typische Spielformen im Kindergartenalter

„Bereits im Kleinstkindalter kann man Kinder beobachten, die aus Freude an der Bewegung und an den zufällig bewirkten Veränderungen bestimmte Dinge ausprobieren. Sie greifen, ziehen, werfen, schlagen, schütten um usw. und beginnen dabei immer wieder von vorne. Das Ergebnis ihres Tuns erscheint zweitrangig, im Vordergrund steht vielmehr die reine Lust am Tun, die ‚Funktionslust'. Spielerisch werden Materialeigenschaften erforscht, die Kinder finden ‚experimentell' heraus, was sich zerreißen lässt. Diese Spielform bleibt durchaus noch lange bestehen und bleibt letztlich in den Bewegungsspielen erhalten – nur aus

Freude an der Bewegung springen die Kinder mit dem Seil oder spielen mit dem Ball –, dennoch verschiebt sich nach Schenk-Danzinger im Kindergartenalter der Akzent auf andere Spielformen, weg vom lustvollen Tun und der Freude an den Zufallsprodukten, die jedoch nicht als ‚Werke' registriert werden, zu den Ergebnissen der Tätigkeit. Das Werk hat sich nun von seinem Schöpfer ‚losgelöst', es existiert auch im Bewusstsein des Kindes als objektives Gebilde, das unabhängig von ihm dasteht, aber als sein Werk. Nun soll das Werk auch von den Erwachsenen zur Kenntnis genommen, das heißt, gelobt und bewundert werden. Die Rückmeldung einer erfolgreichen Schöpfung veranlasst das Kind, besonders dann, wenn auch der Erwachsene das Werk lobend bestätigt, zu immer neuen Produkten, die nun bald von vornherein geplant und in zunehmendem Maße, dem, was sie darstellen sollen, ähnlicher werden.

Je einfacher das Material, desto früher kann die Stufe des werkschaffenden Spiels erreicht werden: Sie wird von den meisten Kindern etwa im dritten Lebensjahr beim Sandspiel (Kuchenbacken), im vierten Lebensjahr beim Spiel mit Bausteinen und Lego, im fünften Lebensjahr beim Umgang mit Knetmassen, im sechsten Lebensjahr, aber auch früher, beim Zeichnen, Malen, bei Steck- und Mosaikspielen erreicht.

Schwierigeres, weil Zwischenteile erforderndes technisches Spielzeug wie Matador wird erst im siebten Lebensjahr ‚werkreif'. Kinder mit viel Erfahrungsmöglichkeiten können in allen oder mit einzelnen Materialien früher werksreif spielen als Kinder, die wenig Erfahrungsmöglichkeiten hatten oder deren Spielhaltung gestört ist.

Die ersten geplanten Produkte entstehen charakteristischerweise zu jener Zeit, in der das Kind sein ‚Ich' entdeckt, seine eigene Person von der Umwelt abgehoben hat und erste willensmäßige Akte, erste Pläne, erste bewusste Zielsetzungen erkennen lässt.

Das Rollenspiel ist wohl die faszinierendste Verhaltensform des Kleinkindalters, dieser Altersstufe spezifisch zugeordnet und auf keiner anderen wiederholbar. Das Rollenspiel setzt, wie die Sprache, das Verständnis für Symbole voraus. Außerdem müssen bereits Vorstellungen vorhanden sein. Gegen Ende des zweiten Lebensjahres beobachten wir die ersten Illusionsspiele, die darin bestehen, dass bereits erworbene oder beobachtete Verhaltensschemata außerhalb der sonst üblichen Situation, in einer Quasi-Realität reproduziert werden (Rauchen, Zeitungslesen, Schlafen, Essen). Sehr bald tritt das eigentlich kreative Element des Illusionsspiels in Erscheinung, die symbolische Umdeutung von Gegenständen. Ein Stock wird zum Besen, ein Blatt zum Teller, ein Sessel zur Straßenbahn. Im weiteren Verlauf tritt das anthropomorphisierende Element des Illusionsspiels hinzu. Eigenes Verhalten wie Schlafen, Essen, Spazierengehen, ebenso wie verschiedene Erlebnisse, werden nun auf Spieldinge (Puppen, Spieltiere) übertragen. Und schließlich übernimmt das Kind nicht nur die Rollen der nächsten Bezugspersonen, sondern auch die von Tieren, Objekten und fremden Personen, vorwiegend von solchen, die eine geschätzte Tätigkeit ausüben. Es ist selbst ein Löwe, ein Hund, ein Auto, eine Straßenbahn, ein Polizist. Es ahmt deren Bewegungen, Tätigkeiten und Geräusche nach.

Im Rollenspiel reproduziert das Kind Erlebtes durch individuell gestaltete symbolische Darstellung.

Rollenspiel und Realitätsbezug

Es gibt beim Rollenspiel keinen echten Realitätsverlust. Das Kind weiß immer, dass es nur so tut, ‚als ob'. Manche Kinder können die Fiktion sogar formulieren: Astrid, 3;5, läuft auf einem Spaziergang zu jedem dritten Baum und hebt ihr Beinchen. Auf die erstaunte Frage der Mutter, was sie denn tue, ruft sie, eifrig dem nächsten Ziel zustrebend, ‚Ich spiel Als-ob-Hund!'

Kinder können sogar Angst vor einer Verquickung der Realitätsebenen haben. Hier ein Beispiel:

Ein Dreieinhalbjähriger identifizierte sich mit einem Lastwagenfahrer, der ihn schon mehrfach hatte mitfahren lassen, und spielte den ganzen Tag ‚Herr Haller'. Meist auf irgendeiner erhöhten Stelle sitzend, lenkte er geräuschvoll und unermüdlich einen Lastwagen. Einmal, zur Essenszeit, war er nicht zu bewegen, seinen Fahrersitz zu verlassen. Als die Mutter stärker drängte, versuchte er einen Kompromiss: Er bat sie flüsternd, als Vorschlag: ‚Sag Herr Haller zu mir!' Das war ein akzeptabler Vorschlag. ‚Bitte, Herr Haller, kommen Sie zu Tisch! Sie werden sich die Hände waschen wollen!' Ohne Widerrede stieg er von der Lehne seines Korbsessels, wusch sich die Hände und setzte sich an den Tisch. Von allen wurde er mit ‚Herr Haller' angesprochen und genoss dies zunächst. Doch als es nach dem Essen hieß: ‚Werden Sie jetzt weiterfahren, Herr Haller, oder wollen Sie sich ausruhen?', bekam er plötzlich Angst, dass er der Herr Haller bleiben müsse. Die Spielstimmung war verflogen. Er kletterte der Mutter auf den Schoß und erklärte sichtlich beunruhigt: ‚Jetzt bin ich wieder der Hannes!'

Die Bedeutung des Rollenspiels

Die Psychoanalyse hat sehr eindrucksvoll nachgewiesen, dass Rollenspiele keineswegs nur emotional neutrale Situationen reproduzieren. Es handelt sich vielmehr häufig um affektgeladene Situationen, um Wünsche, Ängste, angstvoll Erlebtes und ängstlich Erwartetes. Oft übernimmt das Kind die Rolle dessen, vor dem es sich fürchtet, es spielt den bösen Hund oder den Vater, der es schlägt. Mithilfe der Reproduktion oder oft auch der Vorwegnahme von Situationen, die mit negativen Affekten aufgeladen sind, kann das Kind Spannungen abbauen, Aggressionen abreagieren, unerfüllte oder unerlaubte Wünsche in konkreter oder in symbolischer Form realisieren und auf diese Art sein seelisches Gleichgewicht stabilisieren, die Nachwirkungen angstbesetzter Situationen neutralisieren. Bei besonders belastenden Erlebnissen besteht ein Wiederholungszwang. Das Kind spielt so oft, bis es sich von ihnen innerlich befreit hat."

(Schenk-Danzinger, 1988, in Hahn/Janssen, 1995, S. 166f.)

Beschreiben Sie kurz die charakteristischen Merkmale der typischen Spielformen im Text.
Welche Bedeutung wird dem werkschaffenden Spiel und dem Rollenspiel beigemessen?
Stellen Sie die beiden Spielformen und ihre Bedeutung gegenüber und nehmen Sie eventuell Ergänzungen vor.

Aufgabe 7

a) „Das Spielbedürfnis des Kindes ist so elementar wie Hunger und Durst.“ *(Hetzer, 1978, S. 23)*

b) „Das Spiel ist der Weg der Kinder zur Erkenntnis der Welt, in der sie leben und die zu verändern sie berufen sind.“ *(Gorki, 1954, S. 86)*

Erläutern Sie beide Zitate und nehmen Sie zu diesen Stellung.

a)

b)

Aufgabe 8

a) „Es ist eine nicht zu widerlegende Tatsache, dass Kinder auf einem lichtlosen Hinterhof zwischen den aus Garagen herausfahrenden Autos und Mülltonnen vielfach erfindungsreicher, intensiver, ausdauernder und kontaktreicher spielen als auf den für sie eigens geschaffenen Spielplätzen.“ *(Hetzer, 1978, S. 44)*

b) „Leider spielen heute die Kinder wirklich insgesamt weniger als früher und dort, wo sie spielen, anders. Vor allem spielen sie kürzer und unkonzentrierter. Die Oberflächlichkeit ihres Spielens bringt sogar mit sich, dass das Spielzeug nicht mehr so geliebt wird wie früher und so manches Mal nur noch als Zerstörungs- bzw. Konsumartikel dient.“ *(Struck, 1992, S. 85)*

Nehmen Sie zu beiden Aussagen Stellung.

a)

____

____

____

____

____

____

b)

____

____

____

____

____

____

Aufgabe 9

Viele Kinder können nicht mehr spielen

Bericht der Düsseldorfer Diakonie

Düsseldorf, 5. März (dpa)
Bei drei- bis fünfjährigen Kindern sind Sprachvermögen und Fähigkeit zur Eigenbeschäftigung in den vergangenen Jahren ständig schlechter geworden. Diese Erfahrung machten zumindest die Mitarbeiter der 54 evangelischen Tageseinrichtungen für Kinder in Düsseldorf. Wie die Sozialpädagogin Gisela Gossmann von der Diakonie am Mittwoch berichtete, fehle es den Kindern häufig an Möglichkeiten, spielerisch grundsätzliche Erfahrungen zu machen. Auf dem Spielzeugmarkt würden immer weniger einfache Dinge angeboten.

„Wer schenkt seinem Kind schon unbemalte Bauklötze, mit denen es lernt, sie aufeinanderzutürmen und zu bauen?", fragte Frau Gossmann. Stattdessen würden teure Technik-Bausysteme geschenkt, bei denen die Kleinen Grundzusammenhänge gar nicht mehr „erspielen" könnten. Die Pädagogin: „Wir wollen die Kinder wieder zu Ur-Erfahrungen bringen. Aber die meisten Eltern wollen, dass wir ihren Kindern mit drei Jahren praktisch schon zu einer Art Kindergarten-Abitur verhelfen."

(dpa, in: Frankfurter Allgemeine Zeitung, 06.03.1986)

1. *Welche wesentlichen Einflüsse haben das Spielverhalten vieler Kinder verändert?*

2. *Wie könnten Sie als Erzieherin in einer Kindertageseinrichtung das Spielverhalten der Kinder fördern?*

Aufgabe 10

Kriegsspielzeug: Kann man es überhaupt vermeiden?

Frage:

Ich muss vorausschicken: Ich bin ein absoluter Pazifist und Kriegsspielzeug aller Art ist mir ein Gräuel. Ich werde meinem Sohn niemals Pistolen oder Panzer kaufen. Umso größer war jetzt mein Entsetzen, als er (mit fünf Jahren) aus dem Kindergarten einen Spielzeugrevolver mit nach Hause brachte und dieses Ding sofort sein Lieblingsspielzeug wurde. Er hat es einem anderen Jungen abgehandelt. Ich habe ihm den Revolver weggenommen. Aber er hat so geweint, dass ich mich doch frage: War das richtig?

1. *Was ist Kriegsspielzug, was verstehen wir darunter?*

2. *Woher stammt das Interesse von Kindern am Kriegsspielzeug?*

3. *Welche Wirkung geht von Kriegsspielzeug aus?*

4. *Sollen Eltern und Erzieherinnen ihren Kindern das Spielen mit Kriegsspielzeug verbieten?*

5. *Versetzen Sie sich in die Rolle des Ratgebers bzw. der Ratgeberin: Welche Antwort würden Sie dem Ratsuchenden geben?*

13 Entwicklung des Zeichnens und Malens

Aufgabe 1

Das Kind strebt in seinem bildnerischen Ausdruck von dem es umgebenden Chaos von Eindrücken zu einer allmählichen Ordnung und zum Gegenstand.

Belegen Sie diese Aussage anhand von Beispielen.

Aufgabe 2

Das Zeichnen ist ein Spiegel der kognitiven Prozesse, der kindlichen Wahrnehmung und des Denkens und zeigt eine deutliche Beziehung zur Intelligenzentwicklung.

Nehmen Sie Stellung zu dieser Aussage und belegen Sie Ihre Ansichten.

Aufgabe 3

Ein Kind malt bei dem Test „Familie in Tieren" lauter gleich große Elefanten.

Können Sie aus dieser Zeichnung tatsächlich die unbewussten Konflikte und Bedürfnisse des Kindes herauslesen?

Aufgabe 4

Kinder malen in ihre Bilder auch immer die Beziehung mit hinein, die sie zu den Gegenständen, Tieren und Menschen haben.

Finden Sie für diese Behauptung passende Beispiele.

Aufgabe 5

Relativ viele Menschendarstellungen der Kinder bleiben geschlechtslos.

Woran könnte dies liegen? Nennen Sie Ursachen.

Aufgabe 6

Das Kritzeln ist für die Entwicklung des Zeichnens genauso wichtig, wie das Plappern für die Entwicklung der Sprache.

Können Sie dieser Aussage zustimmen?

Aufgabe 7

Um den Entwicklungsstand von Kindern zu diagnostizieren, entwickelte F. Goodenough den „Mann-Zeichentest“. Als Kriterien der Entwicklung werden unter anderem die Anzahl der Details, wesentliche Körperteile und Merkmale sowie mögliche Kleidungsstücke berücksichtigt.

Versuchen Sie die dargestellten Personen nach dem jeweiligen Entwicklungsabschnitt der zeichnenden Kinder (3–13 Jahre) zu ordnen (vgl. Kleber, 1978)

(Kleber, 1978)

A

B

C

D

E

F

G

H

I

J

Aufgabe 8

Über das Verstehen von Kinderbildern

„Zeichnen und Malen sind eine sehr persönliche Angelegenheit. Jedes Bild spiegelt Persönlichkeitsanteile seines Schöpfers wider. Umgekehrt hat auch die Deutung einer Zeichnung immer mit dem Standpunkt des Betrachters zu tun und wird beeinflusst von Anteilen aus seiner eigenen Erlebniswelt; jedes Bild lässt daher verschiedene Schlüsse zu. Ein ausschließlich an schematischen Symboldeutungen orientiertes Zergliedern von Bildinhalten ist ebenso kurzsichtig und wenig verantwortungsvoll wie das nachträgliche Analysieren einer fertigen Zeichnung, bei der die entstehungsgeschichtlichen Hintergründe und der Gestaltungsprozess nicht mitberücksichtigt werden.

Möglichkeiten des Verstehens
Welche Möglichkeiten gibt es nun, sich den verborgenen Wahrheiten in Zeichnungen von Kindern, die uns Sorge bereiten, anzunähern, um sich einzufühlen in Unausgesprochenes oder gar Unaussprechliches?

- Eine davon ist, sich gewissermaßen ‚von außen ein Bild zu machen' und Brennpunkte, Auffälligkeiten, Symbole, Formen, Farben und die Intensität der Bildinhalte sowie die Bildaufteilung zu beleuchten.
- Geduld, Einfühlungsvermögen und ein lebendiges Interesse sind nötig, um einen vertiefenden Weg des Verstehens einzuschlagen. Das Einbeziehen der Lebensumstände, des Beziehungsgeflechtes der Familie, der Kindergruppe, der Schulklasse spielt dabei eine ebenso maßgebliche Rolle wie die Berücksichtigung momentaner Entwicklungsphasen, besonderer Begebenheiten und belastender Konfliktsituationen des Malenden. Auch das Beobachten des Verhaltens und das aufmerksame Zuhören während des Malprozesses können aufschlussreich sein.
- Eine weitere und meiner Erfahrung nach außerordentlich hilfreiche Möglichkeit ist unter Umständen, sich als Erwachsener selbst in Beziehung zu setzen mit den vom Kind gestalteten Bildinhalten und zu versuchen, eigene Anteile am Geschehen zu erkennen.
- Bereichernd für alle Beteiligten kann es sein, wenn Erwachsene selbst über das gestalterische Tun mit ihren eigenen, spielerisch-kreativen Anteilen in Kontakt kommen und ‚das Kind in sich' mit seiner unkonventionellen, schöpferischen Kraft in sich spüren. Erwachsene malen auf meine Anregung hin häufig zuerst einmal selbst, bevor wir über mitgebrachte Kinderzeichnungen ins Gespräch kommen. Finden sie jedoch wieder Zugang zu diesem Ausdrucksmittel, verändern sich Bewertungsmaßstäbe, Vorurteile werden entschärft und abgebaut, erstarrte Einstellungen und Haltungen ändern sich, die Toleranz für kindliche Ausdrucksformen wächst.

Die Kernfrage beim erstmaligen Betrachten einer Zeichnung lautet:

- Welches Gefühl vermittelt mir dieses Bild?
- Bei näherer Beschäftigung mit den Bildinhalten könnten weitere Fragen gestellt werden:
- Welche Auffälligkeiten sind zu erkennen?
- Was steht im Mittelpunkt?
- Was fehlt?
- Welche Hindernisse sind zu entdecken?

- Welche Größe, Form und Bewegungsrichtung haben die dargestellten Objekte?
- Gibt es unterschiedliche Perspektiven, Auslassungen, Schattierungen, Abgeschnittenes, Eingeschlossenes, Unterstrichenes, Schriftliches, Durchsichtiges, Bildrückseiten, verzerrte Formen im Bild?
- Was wiederholt sich immer wieder?

Wichtig bei all diesen Fragen ist nach meiner Erfahrung, den momentanen Entwicklungsstand des Kindes im Auge zu behalten, sich auf seine Individualität einzustimmen und sich auf die Einzigartigkeit des Weges, den es geht, zu besinnen, sich für die lebensgeschichtlichen Umstände und aktuellen Lebenszusammenhänge des Malenden zu interessieren und sie zu berücksichtigen.

Bildaufteilung, Farbe und der Vorgang des Malens
Hilfreich bei der Beschäftigung mit Bildern kann die Berücksichtigung der Bild- und Raumaufteilung, der Farbsymbolik, des verwendeten Materials sowie das Zählen von sich wiederholenden Gegenständen sein. Dabei sind aber keine Verallgemeinerungen möglich. Farbinterpretation kann sich damit beschäftigen, wie, wo, in welcher Menge und mit welcher Intensität Farbe auf dem Blatt verteilt wird, wobei es auch hier keine treffsicheren Regeln für das Interpretieren von Farbe gibt.

Drei Grundregeln
Beim Betrachten eines Bildes, das unsere besondere Aufmerksamkeit erregt hat, sollten drei Grundregeln beachtet werden:

- Den ersten Eindruck des Bildes festhalten, aber sich nicht darauf festlegen, dem Bild ‚zuhören', sich hineinfühlen, wahrnehmen, sich als Forscher betätigen, sich ohne Hast seinen Inhalten annähern.
- Papiergröße, Format und Qualität des verwendeten Materials berücksichtigen, auf Brennpunkte achten und darauf, was der Malende zum Bild sagt und wie er sich beim Malen verhält.
- Miteinander in Beziehung bringen, was man aus den einzelnen Komponenten erfahren hat und diese Informationen zu einem Ganzen versuchen zusammenzufügen.

Grundsätzlich sollten vorschnelle Schlüsse vermieden werden."
(Fleck-Bangert, 1999, S. 61 ff.)

1. *Fassen Sie die wesentlichen Aussagen des Textes zusammen.*

2. *Diskutieren Sie die im Text angedeutete Problematik der Interpretation von Kinderzeichnungen.*

Aufgabe 9

Stellen Sie zeichnerisch Ihre Familie mithilfe von Tieren dar.

14 Entwicklung der Moral

Aufgabe 1

Vervollständigen Sie die begonnenen Sätze.

a) Einen Mörder hinzurichten, finde ich ______________________________

____

b) Ein Mensch ist für mich dann ein Christ, wenn ______________________

____

c) Gerechtigkeit ist dort, wo ____

____

d) Schwarzfahren mit der Straßenbahn halte ich ______________________

____

e) Zum Schwangerschaftsabbruch vertrete ich _________________________

____

f) Ehebruch sollte ____

____

g) Einen Mensch in Notwehr zu töten, ist für mich ____________________

____

h) Im Kaufhaus etwas zu klauen, kann ich __________________________

____

Aufgabe 2

Zum Moralbegriff in der Psychologie

„Die Psychologie will aufzeigen, wie unterschiedlich die Normen sind, die das Erleben, Urteilen und Handeln von Menschen leiten, wie unterschiedlich Menschen diese Normen verstehen, wie unterschiedlich sie diese begründen oder rechtfertigen, wie unterschiedlich sie diese Normen einhalten und wie unterschiedlich sie auf Übertretungen reagieren. Moralische Normen wie auch Rechts- und Konventionsnormen regeln Handeln (es soll normenkonform sein) und liefern Bewertungsmaßstäbe für eigenes Handeln und das Handeln anderer. Wie erreichen Normen diese Funktionen?

1. Wissen über Normen muss erworben werden, und es muss verstanden werden, was Normen in konkreten Situationen fordern.

2. Ihr Geltungsanspruch muss anerkannt werden.

3. Sie müssen befolgt werden.

Normen können missverstanden werden, sie können nicht anerkannt werden, sie können trotz Anerkennung nicht befolgt werden, und sie können befolgt werden, ohne anerkannt zu werden. Zentral ist die Anerkennung der Geltung der Normen.
Wie kann die Anerkennung der Geltung von Normen psychologisch erfasst werden? Die als geltend anerkannten Normen machen die Moral einer Person aus. Was sind Indikatoren der persönlichen Moral? In der psychologischen Forschung sind vier Kategorien von Indikatoren zu finden:

1. Wissen über geltende Normen,
2. Urteile über das, was moralisch geboten ist,
3. normenentsprechendes und -abweichendes Verhalten und
4. moralische Gefühle (z. B. Befriedigung über moralisches Verhalten, Empörung und Schuld wegen unmoralischen Verhaltens).

Alle vier Indikatorkategorien sind ohne weitere Informationen irrtumsanfällig.

1. Wissen über geltende Normen garantiert nicht deren Anerkennung.
2. Urteile über das moralisch Gebotene implizieren keine persönliche Verpflichtung, das auch zu tun.
3. Verhalten müsste daraufhin geprüft werden, ob das Motiv die Erfüllung der Moralnorm ist oder ob andere Motive ausschlaggebend waren. Auch normabweichendes Verhalten beweist noch nicht, dass es an Anerkennung der Normgeltung fehlt.
4. Moralische Gefühle (z. B. Schuld, Empörung) sind moralische Bewertungen eigenen und fremden Handelns und spiegeln insofern die Moral einer Person. Das Problem liegt in der Erfassung ihrer Echtheit. Die Indizien sind fehleranfällig: Selbstauskünfte, projektive Verfahren, Geständnisse oder kompensatorisches prosoziales Handeln als Indiz für Schuldgefühle. Die Unterscheidung erlebter Gefühle und zweckdienlicher Demonstration von Gefühlen (z. B. von Schuldgefühlen zur Beschwichtigung, von Empörung zur Durchsetzung der eigenen Interessen) ist schwierig."

(Montada, 2008, S. 864 f.)

a) Was versteht die Psychologie unter „Moral" und welche gesellschaftliche Funktion hat sie?

b) *Welche relevanten Aspekte der Moral kann man unterscheiden?*

Aufgabe 3

Welche Normen halten Sie für überholt oder verbesserungswürdig und welche für gerechtfertigt?

Aufgabe 4

Moralische Regeln sind auch in der Schule mehr oder weniger verbindlich.
Bitte geben Sie je drei Beispiele für moralische Regeln, deren Einhaltung in deutschen Schulen wichtig bzw. weniger wichtig ist.

1. wichtig: ______
2. wichtig: ______
3. wichtig: ______

1. weniger wichtig: ______
2. weniger wichtig: ______
3. weniger wichtig: ______

Aufgabe 5

Stellen Sie sich vor, Sie wären mit weiteren rund 300 Personen nach einem Schiffsunglück auf einer unbewohnten Insel gelandet. Da es keinerlei Verbindung nach außen gibt und Sie gezwungen sind, über einen längeren und ungewissen Zeitraum hinweg das Zusammenleben auf der Insel zu organisieren, entwickeln Sie „Spielregeln" für das Zusammenleben in der Gesellschaft.

1. *Welche Regeln für das Zusammenleben halten Sie für erforderlich?*

2. *Welche „Insel-Bürger-Tugenden" halten Sie für wichtig?*

3. *Vergleichen Sie Ihr Ergebnis mit dem, was Sie in unserer gesellschaftlichen Realität beobachten können.*

Aufgabe 6

Ebene	Stufe	Bezeichnung
		Regeln müssen befolgt werden, damit die soziale Ordnung erhalten bleibt, und Nichtbefolgung darf unter keinen Umständen geduldet werden.
		Diese Stufe wird nach Kohlberg selten erreicht. Steuerungsinstanz für das eigene Verhalten ist das Gewissen, das ethischen Prinzipien folgt, die für alle Menschen verbindlich sind.
		Kinder in dieser Stufe haben Schwierigkeiten, die beiden Entscheidungsalternativen in den Dilemma-Geschichten zu unterscheiden. Sie unterwerfen sich stärkeren Mächten (wie Erwachsenen, besonders Eltern), um so Strafen zu vermeiden. Sie können die Absichten der Akteure noch nicht berücksichtigen.
		Kinder in dieser Stufe sind daran interessiert, gute Beziehungen zu Freunden und Verwandten aufrechtzuerhalten. Sie möchten als „guter Junge" oder „nettes Mädchen" angesehen werden. Sie können den Blickwinkel anderer Menschen schon berücksichtigen.
		In dieser Stufe werden Gesellschaftsformen und die zugrundeliegenden Regeln als Übereinkunft erkannt. Alternative Regelungen sind möglich, wenn eine Mehrheit das will. Wenn Gesetze in Übereinkunft mit den Interessen der Menschen sind, werden sie befolgt. Grundlegende Werte wie Menschenwürde und -rechte werden als unveränderbar anerkannt.
		Die eigenen Interessen sind das Maß für Gut und Böse: Was den eigenen Bedürfnissen entgegenkommt, ist gut, was ihnen widerspricht, ist schlecht. Reziprozität besteht im Wesentlichen aus Vergeltung: Auge um Auge, Zahn um Zahn.

(Tücke, 2007, S. 101)

Bitte geben Sie bei jeder Charakterisierung (Spalte: Bezeichnung) in der Tabelle die entsprechende richtige Stufe und die dazugehörige Ebene der moralischen Entwicklung nach L. Kohlberg an.

Aufgabe 7

„Die 16-jährige Melanie wartet gerade vor der Umkleidekabine, in der ihre gleichaltrige Freundin Daniela ein recht teures Top anprobiert. Sie wundert sich, dass ihre Freundin beim Verlassen der Umkleidekabine bereits wieder ihre Lederjacke trägt. Daniela lächelt sie an und öffnet dann kurz die Jacke, unter der sie das Top trägt, das sie anprobieren wollte. Und noch ehe Melanie etwas sagen kann, legt Daniela ihren Finger auf den Mund und verlässt schnellen Schrittes die Damenabteilung Richtung Ausgang. Dort hält ein Mann Melanie zurück, der sich als Kaufhausdetektiv ausweist und von ihr den Namen der jungen Frau verlangt, die soeben das Gebäude verlassen hat. ‚Sie wurden soeben bei einem Diebstahl beobachtet', sagt der Mann. ‚Wenn Sie mir ihren Namen nicht sagen, machen Sie sich der Mittäterschaft schuldig.' Trotz der Warnung entschließt sich Melanie zu behaupten, dass sie die Frau nicht kennt und damit ihre Freundin zu decken."

(Lohaus/Vierhaus/Maass, 2010, S. 209)

Würden Sie sagen, dass Melanie in dieser Situation richtig gehandelt hat? Und wenn ja, wie würden Sie Ihre Entscheidung für oder gegen ihr Handeln begründen?

Aufgabe 8

„Tilo (drei Jahre), Stefan (fünf Jahre) und Greta (sechs Jahre) haben von ihrer Erzieherin Thea jeder einen Keks bekommen. Tilos Keks fällt auf den Boden und zerbricht, sodass er ihn nicht mehr essen kann. Stefan sagt dazu: ‚Pech gehabt'. Greta hingegen bricht von ihrem Keks ein Stück ab und gibt es Tilo."
(Weßbecher-Wenz, 2010, S. 231)

Finden Sie heraus, auf welcher moralischen Stufe sich Stefan und Greta befinden.

Aufgabe 9

Wann nennen wir einen Menschen „gewissenlos", wann „gewissenhaft"?

Aufgabe 10

„Sebastian ist Leiter einer CAJ-Abteilung (CAJ = Christliche Arbeiterjugend). Anlässlich einer schwungvollen Fete will er seinen jüngeren CAJ-Freunden zu vorgerückter Stunde beweisen, wie trinkfest er ist. Obgleich er 10 Glas Bier hinuntergespült hat, steigt er in sein Auto und dreht eine Runde um das Stadtviertel. Dabei rammt er ein anderes Auto und beschädigt dessen Kotflügel und Tür. Sebastian fährt weiter und entkommt im Dunkeln. Zu den feiernden CAJlern zurückgekehrt, bittet er, um nicht entdeckt zu werden, ein anderes Abteilungsmitglied, seinen ramponierten Wagen in der Dunkelheit in eine Garage außerhalb der Stadt zu fahren. Doch dann regt sich Sebastians Gewissen. Ihm geht der Gedanke durch den Kopf, ob er das Amt eines Abteilungsleiters in der CAJ noch glaubwürdig ausüben kann? Was werden seine CAJ-Freunde und deren Angehörige zu dem Vorfall sagen? Außerdem spürt Sebastian die Verpflichtung, den angerichteten Schaden wiedergutzumachen. Doch hat er Angst, sich bei dem Besitzer des Autos, den er mittlerweile kennt, zu melden. Er fürchtet, dass dieser ihn vor Gericht verklagen könne. Dann droht ihm Führerscheinentzug und eine hohe Geldstrafe."
(Drescher u. a., 1981, S.60)

Wie soll sich Sebastian Ihrer Ansicht nach in dem dargestellten Gewissenskonflikt verhalten?

____

____

____

____

____

____

Aufgabe 11

Jürgens Problem

„Jürgen und ‚Kick' sind gute Freunde. Kick heißt eigentlich Sebastian. Er wird aber Kick genannt, weil er andere oft tritt. Er ist auch oft mit anderen in Kämpfe verwickelt. Aber mit Jürgen hat er nie Probleme gehabt. Auch Jürgen mag ihn. Kick hat ihm schon oft gegen Stärkere beigestanden.
Eines Tages sieht Jürgen, wie Kick einen jüngeren Schüler aus einer anderen Schule verprügelt und erst aufhört, als der ihm seinen Geldbeutel gibt. Kick rennt davon, bevor Jürgen etwas tun konnte. Am nächsten Tag kommt die Polizei mit dem beraubten Jungen in die Schule. Sie fragt, wer gesehen habe, wie der Junge verprügelt und beraubt wurde. Der Junge entdeckt Jürgen. Er deutet auf ihn und sagt, dass er Jürgen zusammen mit dem Jungen, der ihn überfallen hat, gesehen habe und dass Jürgen den Überfall auch gesehen haben muss. Der Polizist fordert Jürgen auf, den Namen des Täters zu nennen, sonst würde er sich als Mitwisser strafbar machen."
(Sterba-Philipp, 2003, S. 63, www.foepaed.net, [18.02.2014])

1. *Wie schwer würde Ihnen die Entscheidung fallen? Mir würde die Entscheidung eher*

sehr leicht	0	1	2	3	4	5	6	sehr schwer fallen

2. *Was meinen Sie dazu? Soll Jürgen der Polizei den Namen seines Freundes verraten, oder soll er es nicht tun? Ich meine …*

Er soll es nicht tun.	–3	–2	–1	0	1	2	3	Er soll es tun.

3. *Warum sind Sie dieser Meinung? Schreiben Sie hier Ihre Meinung auf. Ich bin der Meinung, dass …*

Aufgabe 12

Nennen Sie Situationen im Leben, in denen das persönliche Gewissensurteil zur entscheidenden Instanz für das Handeln des Menschen werden kann.

Literaturverzeichnis

Antons, Klaus: Praxis der Gruppendynamik, 9. Auflage, Göttingen, Hogrefe Verlag, 2011.

Arbeitsgemeinschaft Jugend und Bildung e.V.: Frauen und Männer: Gemeinsame Aufgaben gleichberechtigt wahrnehmen, Wiesbaden, Universum Verlagsanstalt, 1997.

AP: Massive Computerspuren in Kindergehirnen, Badisches Tagblatt, Rastatt, 19.09.2006.

Bandelow, Borwin: Das Angstbuch, 5. Auflage, Reinbek, Rowohlt Taschenbuch Verlag, 2007.

Baumgart, Franzjörg: Entwicklungs- und Lerntheorien, 2. Auflage, Bad Heilbrunn, Klinkhardt Verlag, 2007.

Bovet, Theodor: Die Ehe – Das Geheimnis ist groß, Tübingen, Katzmann Verlag, 1963.

Bundeszentrale für gesundheitliche Aufklärung: Das Baby, Köln, Bundeszentrale für gesundheitliche Aufklärung, 2006.

Dierks, Hannelore: Meinst du denn, ich kann das nicht? – Geschichten um den Kindergarten, Reinbek, Rowohlt Verlag, 1993.

Drescher, Manfred/Gräßle, Erwin/Jung, Klaus/Keller, Peter: Impulse zur Orientierung, Düsseldorf, Patmos Verlag, 1981.

Dpa: Viele Kinder können nicht mehr spielen – Bericht der Düsseldorfer Diakonie, in: Frankfurter Allgemeine Zeitung, Frankfurt/M., 06.03.1986.

Fleck-Bangert, Rose: Kinder setzen Zeichen. Kinderbilder sehen und verstehen, München, Kösel Verlag, 1999.

Gademann, Lilly.: Erziehung zur Liebesfähigkeit – Materialien und Konzepte für eine frühkindliche Sexualerziehung, Heidelberg, Verlag Quelle & Meyer, 1978.

Goldstein, Martin/McBride Will: Lexikon der Sexualaufklärung, Frankfurt/M., Fischer Taschenbuch Verlag, 1972.

Gorki, Maxim: Über die Jugend, Berlin, Verlag Neues Leben, 1954.

Gregory, Richard: Concepts and mechanisms of perception, London, Duckworth, 1974.

Hahn, Maria/ Janssen, Rolf (Hrsg.): Erziehungswissenschaft Band 1, Stam Verlag, Köln , 1995, S. 166f.

Hetzer, Hildegard: Spiel und Spielzeug für jedes Alter, 17. Auflage, München, Don Bosco Verlag, 1978.

Hobmair, Hermann (Hrsg.): Psychologie, 4. Auflage, Köln, Bildungsverlag EINS, 2008.

Hobmair, Hermann (Hrsg.): Pädagogik, Köln, Stam Verlag, 1989.

Hurrelmann, Klaus: Einführung in die Sozialisationstheorie, Weinheim, Beltz Verlag, 1998.

Key, Ellen: Das Jahrhundert des Kindes, Berlin, Verlag S. Fischer, 1905.

Kleber, Eduard: Abriss der Entwicklungspsychologie, 2. Auflage, Weinheim, Beltz Verlag, 1978.

Lachner, Eva/Becker, Barbara: FOS-BOS – Abschluss-Prüfungsaufgaben mit Lösungen zum Erwerb der Fachhochschulreife – Pädagogik/Psychologie – Bayern, 6. Auflage, Freising, Stark Verlagsgesellschaft, 2006.

Lohaus, Arnold/Vierhaus, Marc/Maass, Asja: Entwicklungspsychologie des Kindes- und Jugendalters, Berlin, Springer Verlag, 2010.

Makarenko, Anton Semjonowitsch: Allgemeine Fragen der pädagogischen Theorie – Erziehung in der sowjetischen Schule, Berlin, Verlag Volk und Wissen, 1964.

Mietzel, Gerd.: Wege in die Entwicklungspsychologie, Band 1: Kindheit und Jugend, Weinheim, Psychologie Verlags Union, 1997.

Montada, Leo: Moralische Entwicklung und moralische Sozialisation, in: Oerter, Rolf/Montada, Leo: Entwicklungspsychologie, 6. Auflage, Weinheim, Beltz Verlag, 2008, S. 862– 894.

Oerter, Rolf: Kindheit, in: Oerter, Rolf/Montada, Leo: Entwicklungspsychologie, 6. Auflage, Weinheim, Beltz Verlag, 2008, S. 249–309.

Pohlschneider, Johannes: Sittliche Normen christlicher Sexualerziehung in Schule und Elternhaus, Donauwörth, Auer Verlag, 1976.

Rumpf, Joachim: Schreien, schlagen, zerstören – Mit aggressiven Kindern umgehen, München, Ernst Reinhardt Verlag, 2002.

Schenk-Danzinger, Lotte: Entwicklung, Sozialisation, Erziehung, Verlag Klett-Cotta, Stuttgart, 1988.

Scheuerl, Hans (Hrsg.): Lust an der Erkenntnis: Die Pädagogik der Moderne, München, Piper Verlag, 1992.

Schraml, Walter: Einführung in die Entwicklungspsychologie für Pädagogen und Sozialpädagogen, 9. Auflage, Stuttgart, Ernst Klett Verlag, 1999.

Schwäbisch, Lutz/Siems, Martin: Anleitung zum sozialen Lernen für Paare, Gruppen und Erzieher, Reinbek, Rowohlt Verlag, 1988.

Sielert, Uwe: Einführung in die Sexualpädagogik, Weinheim, Beltz Verlag, 2005.

Stange, Elke/Stange, Waldemar: Kinder lösen Konflikte, in: Hielscher, Hans (Hrsg.): Sozialerziehung konkret, Hannover, Hermann Schroedel Verlag, 1977, S. 207–243.

Sterba-Philipp, Christoph: Dilemma-Geschichten zur Förderung moralischer Urteilsfähigkeit einer Förder- und Hauptschulklasse einer Schule für Körperbehinderte, wissenschaftliche Hausarbeit im Rahmen der 2. Staatsprüfung für das Lehramt an Sonderschulen, 2003, abgerufen unter: www.foepaed.net/volltexte/sterba-philipp/dilemma.pdf [18.02.2014].

Strehse, Wolfgang: Die Person-Beurteilung in der dyadischen Interaktion, Phil. Fakultät, Dissertation, Düsseldorf, Hochschulschrift, 1969.

Struck, Peter: Schul- und Erziehungsnot in Deutschland, Neuwied, Luchterhand Verlag, 1992.

Tücke, Manfred: Arbeitsbuch – Entwicklungspsychologie des Kindes- und Jugendalters für (zukünftige) Lehrer, Berlin, LIT Verlag, 2007. Watson, John: Behaviorismus, New York, WV Norton and Company, 1930.

Watson, John: Behaviorismus, New York, WV Norton and Company, 1930.

Wendt, Dirk: Entwicklungspsychologie: Eine Einführung, Kohlhammer Verlag, Stuttgart, 1997.

Weßbecher-Wenz, Margot: Die Entwicklung von Kindern bis zum Schuleintritt, in: Blank-Mathieu, Margarete (Hrsg.): Erziehungswissenschaft, Band 1, 4. Auflage, Troisdorf, Bildungsverlag EINS, 2010.